소년 이야기 세계사

인더스 문명에서 1970년대 서울까지

소년
이야기 세계사

김용안 지음/김준연 그림

써네스트

청소년을 위한 역사 여행

미국의 교육자였던 제인 앤드루스는 1886년에 『먼 옛날부터 지금까지 세상에 살았던 소년 열 명의 놀이와 생활』이라는 책을 썼다. 이 책은 미국에서 세계사를 공부하기 전에 청소년들이 한 번은 꼭 보아야 하는 책이 되었다. 그리고 저자도 이 책을 우연히 접할 수 있는 기회를 가졌다. 책의 형식과 내용이 매우 흥미로웠다. 그래서 저자는 곧바로 이것을 우리나라 청소년들에게 맞게 고쳐 써야겠다고 생각했다.

글을 우리와 맞게 고치고 새로운 내용들을 첨가하기로 했다. 원작은 제인 앤드루스에서 시작을 했지만 제인 앤드루스와는 전혀 다른 글이 탄생하게 되었다. 어떤 장은 아예 빼버리고 그 자리에 저자가 직접 쓴 장을 넣기도 했다. 지나치게 미국적인 시각들도 모두 고쳤다. 그리고 아무래도 오래된 책이다 보니 아메리카 원주민을 적대시하거나 그들과 싸우는 것을 당연시 여기는, 현대의 역사관과는 전혀 다른 내용들이 있었다. 그것들은 과감하게 고치고 새로 썼다. 그리고 마지막 두 장에 나오는 청나라 소년과 한국 소년은 앤드루스와는 전혀 상관 없이 저자가 직접 글을 썼다.

소년 열 명의 삶은 요즘 아이들의 삶과는 하늘과 땅만큼이나 달랐다. 아리아 소년은 신을 모시며 아버지와 함께 농사를 짓고 페르시아 소년은 군사 훈련을 받는다. 올림픽에 참가하려고 힘든 훈련을 받는 그리스 소년, 연설을 배우고 재판놀이를 즐기는 로마 소년도 있다. 색슨족 소년은 전쟁터에 나가 전쟁을 하기도 하고 중세의 소년은 기사가 되는 훈련을 받는다. 먼 바다로 나가 해전을 벌이는 꿈을 꾸는 잉글랜드 소년도 있고, 잉글랜드에서 대서양을 건너 아메리카에 정착한 청교도 소년도 있다. 강대국에 의해 나라가 짓밟히는 시기를 온몸으로 겪어야 했던 청나라 소년, 1970년대라는 가난한 시대를 노동자의 동생으로서 살아야 했던 우리나라 소년도 있다.

소년들은 모두 나이가 12살이지만 예전엔 훨씬 더 빨리 어른으로 성장했기 때문에 지금의 청소년들과 비슷한 나이라 할 수 있다.

소년들을 만날 때마다 신기하기도 하고 가슴이 뭉클하기도 했다. 소년들은 각각 사는 모습이 달랐지만 모두 어려움을 견뎌내며 용기 있게 살아가고 있었다.

요즘 청소년들 또한 힘들게 살아가고 있는지 모르겠다. 농사나 군사훈련, 배고픔 대신 공부에 짓눌려 살아가는 청소년들의 모습을 종종 보았으니까 말이다. 난 여러분이 책 속의 소년들을 보며 용기를 가지고 힘차게 살았으면 좋겠다. 더 큰 세계를 꿈꾸고 더 나은 세상을 꿈꾸는 청소년이길 바란다.

이제 소년들을 만나러 가보자. 열 명의 소년들을 만나려면 먼 먼 길을 가야 하고 또 시간도 한참 거슬러 올라가야 한다. 자, 그럼 기차를 타고 시간 여행을 떠나 보자!

차례

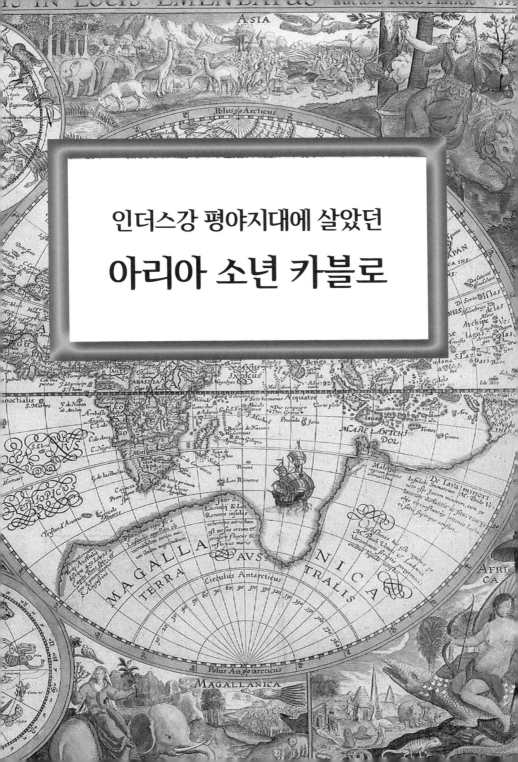

인더스강 평야지대에 살았던

아리아 소년 카블로

사람은 생각하며 살아야한다.

우리가 첫 번째로 만날 소년의 이름은 카블로이다. 우리는 카블로를 만나기 위해서 기차를 타고 4천 년이란 먼 시간을 거슬러 올라왔고 높은 산도 올라가야 했다. 카블로가 사는 곳은 아프가니스탄에 있는 힌두쿠시 산맥의 깊숙한 곳이다.

작은 집 한 채가 동그마니 놓여있다. 집은 통나무와 이끼와 진흙으로 만들었는데 커다란 바위를 등지고 있었다. 지붕은 햇빛을 잘 받도록 바위와 출입문에 비스듬히 걸쳐 있었다.

아직도 해가 뜨지 않아 모두 잠들어 있는 새벽이었다. 카블로도 깊은 잠에 빠져 있었다.

"애들아, 빨리 일어나라!"

카블로는 잠결에 아버지 목소리를 듣고 눈을 비비며 일어났다. 밖으로 나오자 하늘엔 검푸른 장막이 펼쳐져 있고 아직도 별 몇 개가 반짝거리고 있었다.

카블로는 말없이 불 피울 준비를 했다. 어머니와 동생들도 곧 앞마당으로 나와 넓고 평평한 돌 주위를 빙 둘러쌌다. 카블로는 마른 가지를 세차게 비비기 시작했다. 나뭇가지에서 연기가 나며 붉은색 불씨가 일었다. 불씨에 나뭇잎과 나뭇가지를 넣고 입으로 '후' 불자 마침내 조그마한 모닥불이 되었다.

그때 마침, 아침 해가 찬란한 빛을 내며 산 위로 떠올랐다. 어머니와 두 여동생이 소마즙을 모닥불에 뿌렸다. 모닥불은 '파닥' 소리를 내며 환하게 불타올랐다. 불에 버터를 던져 넣자 모닥불은 더욱 거세게 타오르며 샛노랗게 빛났다.

"오, 불의 신 아그니여! 오늘도 우리를 비춰주시고 당신의 뜻을 받드는 우리를 기쁨에 젖도록 해주시는 위대하고 은혜로운 신이시여!"

아버지가 나지막한 목소리로 기도하기 시작했다. 나머지 가족들도 모두 마음속으로 아그니 신에게 기도를 올렸다. 그러자 신은 온 산을 따뜻하게 감싸 주고 갖가지 색으로 아름답게 꾸며 주었다.

카블로는 산이 아름답게 변하는 모습을 보며 아그니 신의 위대함에 감탄했다. 아그니 신이 생명과 축복을 내려주지 않았다면 카블로네 가족은 살아남지 못했을 것이다. 그래서 카블로네만이 아니라 아리아인이라면 누구나 아침 일찍 일어나 빛과 불을 다스리는 위대한 아그니 신에게 기도를 했다.

아침 해가 완전히 떠오르자 카블로네 가족은 맷돌로 간 곡식 가루를 버무려 빵을 만들었다. 어머니는 뜨거운 기운이 남아있는 모닥불 재로 빵을 구웠다. 가족들은 빵, 우유로 만든 음식들과 산양고기로 빈속을 채웠다.

아침을 먹자마자 어머니는 양털을 다듬기 시작했다.

"아버지 옷이 다 떨어졌구나. 얼른 양털로 실을 만들고 새 옷도 지어야겠어."

"어머니, 저희도 도울게요."

어린 두 여동생이 어머니를 돕겠다고 나섰다.

"꼬맹이들아, 너희는 아직 어리단다. 좀 더 크면 같이 하자구나. 너희들은 염소랑 양에게 먹이 좀 주렴."

"예!"

여동생들은 신나서 양과 염소한테 뛰어갔다.

"우리도 얼른 서두르자구나."

아버지와 카블로도 서둘러 집을 나섰다.

"음매!"

멀리서 암소 우는 소리가 들렸다. 카블로는 암소를 향해 달려갔다. 카블로는 암소를 정다운 눈으로 바라보며 쓰다듬어 주었다. 암소는 항상 카블로 가족에게 아낌없이 우유를 주었다. 어머니는 그 우유로 기도를 올릴 때 쓰는 버터를 만들었다. 만약 암소가 없었다면 카블로 가족은 기도도 제대로 올릴 수 없었을 것이다. 카블로는 암소 목덜미를 살살 긁어주었다. 암소가 기분이 좋은지 긴 혀로 카블로를 핥았다.

"으흐흐, 간지러워."

"이젠 밭에 가보자구나."

"예, 아버지. 암소야, 풀 많이 먹으렴."

카블로는 암소 등을 툭툭 두드리고는 밭으로 갔다. 밭은 높은 산의 가파른 경사면에 있었다. 카블로는 아버지가 말하기도 전에 곡식 옆에 자라는 잡초를 뽑았다.

"우리 아들이 이젠 농사꾼이 다 되었구나. 다음엔 나무 쟁기로 땅도 갈아 보자구나."

"나무 쟁기로 땅을 가는 건 쉽지 않겠지만 전 할 수 있어요. 이젠 다 컸는 걸요."

사실 나무 쟁기로 땅을 가는 건 정말 힘든 일이었다. 철로 만든 쟁기는 땅에 쉽게 들어가지만 나무 쟁기는 땅에 쉽게 파고들지 못했다. 잘못 다루면 부러지기도 했다. 카블로가 어릴 때는 철이란 게 뭔지 몰랐던 시대였다. 당연히 철로 만든 쟁기도 없었다. 검도 철이 아닌 청동으로 만들었다.

청동은 주로 구리로 이루어져 있는데, 구리는 흙이나 돌에 섞이지 않기 때문에 구하기가 쉽고 단단하지 않아 녹이지 않고도 모양을 만들 수 있었다. 하지만 철은 철광석이라는 돌에 섞여 있고 또 단단하기 때문에 엄청나게 뜨거운 불로 녹여야만 뽑아

낼 수 있었다. 카블로의 아버지는 어쩌다가 철광석을 보기도 했다. 하지만 그것이 무엇인지 몰랐고 또 그것을 녹여서 철을 뽑아낼 생각은 하지 못했다.

카블로가 나중에 어른이 되었을 때에야 기술이 발달해 철광석을 녹여 철을 뽑아낼 수 있었다. 그래서 철로 만든 쟁기도 만들고 농사도 훨씬 편하게 지을 수 있게 되었다. 하지만 카블로가 어릴 때는 농사 짓기가 힘든 시기였다.

카블로가 한참 잡초를 뽑는데 어머니가 멀리서 달려오며 소리쳤다.

"여보, 여보! 토기 항아리가 깨져 버렸어요. 몇 개 더 만들어 주세요."

"좀 조심해서 쓰지 그랬어."

"손에서 그만 미끄러져서……."

어머니는 미안한지 머리를 긁적였다.

"얼른 만들어 주리다. 카블로도 함께 가자."

카블로는 아버지와 함께 찰흙이 있는 곳으로 갔다. 카블로는 아버지를 따라 찰흙을 물로 알맞게 적셔 동그란 모양으로 빚었다. 아버지보단 훨씬 느리지만 배가 통통한 토기 항아리를 완성했다.

"아버지, 제가 만든 항아리 좀 보세요."

아버지는 실눈을 뜨고 카블로가 만든 항아리를 이리저리 돌려보았다.

"흠, 카블로, 아주 잘 만들었다. 네가 만든 것도 항아리로 쓸 수 있겠어."

"다음엔 찻잔이나 접시도 만들어 볼게요."

"그렇게 하려무나. 접시도 충분히 만들 수 있을 게다."

아버지 말에 카블로는 어른이 다 된 것 같아 으쓱해졌다. 아버지와 카블로는 말없이 항아리를 더 만들었다. 날이 어두워지기 전까지 빚은 항아리는 열 개 정도였다. 빚은 항아리는 그늘에서 이틀이나 사흘 정도 말려야 했다. 그런 다음, 아주 뜨거운 불로 구워야 했다. 그러면 물을 담아도 새지 않을 만큼 단단하고 매끄러운 항아리가 되었다.

날이 어두워지기 전에 아버지와 카블로는 서둘러 집으로 돌아왔다. 폭풍우를 몰아올 듯 거대하고 시커먼 구름들 사이로 해가 지고 있었다. 가족은 작은 제단 앞에서 황혼에 바치는 기도를 올렸다.

"오, 불의 신 아그니여, 구름의 장막이 당신과 우리를 갈라놓을지라도 당신의 아이들에게 여전히 빛을 내려주시는 위대하고 은혜로운 신이시여!"

기도를 마친 후, 카블로는 가족들과 함께 집안으로 들어갔다. 그리고 출입문 위에 감아둔 거적을 내려 풀리지 않도록 단단히 묶었다. 카블로는 양털과 염소가죽 담요가 깔린 침대에 벌렁 누웠다. 자리에 눕자 온몸에 피곤함이 밀려왔다. 어느새 카블로는 깊은 잠 속으로 빠져들었다.

"우르릉 쿵쿵! 콰르르 콰르르!"

"이게 무슨 소리지?"

카블로는 잠결에 소리를 듣고 벌떡 일어났다.

"우르릉 우르릉! 쿵쿵! 콰르르!"

소리는 멈추지 않았다. 카블로는 두려움에 사로잡혀 물었다.

"아버지, 이게 무슨 소리예요?"

"사나운 폭풍이 몰아닥쳤구나. 아마도 폭풍은 휘몰아치며 산골짜기마다 천둥, 벼락과 함께 엄청난 비를 쏟아 붓고 있을 게다. 골짜기의 개울이 무서운 급류로 바뀌어 가파른 산자락을 휩쓸며 내려가고 있을 거야. 얼른 폭풍이 멈춰야 우리 집이 무사할 텐데."

어둠 속에서 아버지가 걱정스럽게 말했다.

이번엔 천둥소리와 함께 번갯불이 번쩍였다. 아그니 신의 불빛이 까만 밤을 찢어버리는 것 같았다. 통나무로 만든 지붕의 틈새로 빗물이 흘러들기 시작했다. 출입문을 막아놓은 거적도 사나운 폭풍에 찢겨나갔다. 이제 폭풍은 집안으로 들이치기 시작했다.

"어머니, 무서워요."

여동생 네마는 어머니 품에 안겨 큰 소리로 울기 시작했다.

그때, 까만 어둠을 뚫고 천둥소리보다 더 크게 우르릉거리는 소리가 들려왔다. 카블로의 가슴이 두방망이질 치기 시작했다.

"아버지, 이 소리는 또 무슨 소리예요?"

카블로는 두려움에 온몸이 조여드는 것 같았다. 그 소리는 천둥소리보다 훨씬 가까운 곳에서, 사방에서 들려왔다.

"그건 계곡에서 나는 소리란다. 계곡물에 휩쓸려 내려오는 돌멩이들이 부딪히며 내는 소리야."

"쿠르르릉!"

"앗, 모두 피해. 뒤쪽으로 가!"

아버지가 외쳤다. 카블로는 재빨리 동생 손을 잡고 뒤쪽으로 뛰었다. 돌멩이들이 뒤섞인 엄청난 흙탕물이 우르르 집 앞쪽을 휩쓸고 지나갔다.

어둠 속에서 무언가 부서지는 소리가 들렸다. 동생들의 겁에 질린 울음소리가 집이 무너지는 소리에 묻혔다.

그 순간, 동쪽으로부터 희미하게 빛이 솟아났다. 카블로는 집이 얼마나 엉망으로 되었는지 보았다. 흙탕물은 집을 반이나 부수었다. 그때였다. 카블로 뒤쪽에서 통나무가 '삐걱' 소리를 내며 떨어지려 했다.

"앗, 모두 피하세요!"

카블로의 외침에 가족은 재빨리 집 앞쪽으로 뛰었다. 통나무가 '퉁' 소리를 내며 떨어졌다. 통나무는 굴러 바로 가족 앞에서 멈추었다.

"휴, 큰일 날 뻔했구나. 모두 무사해서 다행이다."

아버지 말에 카블로는 마음속으로 기도를 올렸다.

'아그니 신이시여, 감사합니다. 아침 빛의 축복을 받지 못했다면 저희 가족은 깜깜한 어둠 속에서 통나무에 깔려 죽었겠지요. 저희가 목숨을 건진 건 아그니 신의 은총 덕분입니다.'

서서히 비가 그치며 아침 햇살이 환하게 카블로 집을 비추었다. 집은 온통 돌과 진흙으로 뒤덮여 있었다. 카블로는 어찌할 줄 모르며 그 광경을 멍하니 바라보았다.

아버지가 카블로에게 말했다.

"집이 정말 엉망이 되었구나. 삼촌들한테 부탁해서 빨리 고쳐야겠어. 카블로, 어머니를 도와 집을 치우고 있으렴. 나는 삼촌들한테 다녀올게. 집이 무너지지 않도록 더 튼튼한 나무를 구해 와야겠어."

아버지는 급히 삼촌네로 갔다. 카블로는 어머니를 도와 집을 치우기 시작했다. 집안의 돌멩이들을 밖으로 내다 버리고 흙탕물을 치웠다. 동생들도 자그마한 손으로 치우는 걸 도왔다.

끝도 없을 것 같은 일은 해가 질 무렵 끝났다. 하지만 반밖에 남지 않은 집은 치워도 별 표시가 나지 않았다.

카블로는 집 뒤에 있는 커다란 바위 위로 올라갔다. 카블로는 바위에 걸터앉아 아버지를 기다렸다. 해는 구름 사이로 잠시 나타났다가 계곡 사이로 넘어가려 하고 있었다. 바위 아래로는 처참하게 부서진 집이 보였다. 카블로는 깊은 생각에 잠겼다.

'오늘 새벽, 우리 가족은 죽을 뻔했어. 거센 폭풍우 앞에선 사람도 힘없는 벌레랑 다를 게 없어. 사람이란 이렇게 나약한 존재일까?'

멀리서 아버지가 오고 있었다. 카블로는 바위에서 뛰어내려 아버지에게 달려갔다. 카블로는 궁금증을 참지 못하고 아버지에게 물었다.

"아버지, 사람이란 도대체 뭘까요? 집도 지을 줄 알지만 또 폭풍우한테는 꼼짝도 못하잖아요."

아버지가 잠시 생각하다가 대답했다.

"사람이란 생각하는 존재란다. 암소나 양이나 염소 같은 동물들도 우리처럼 숨 쉬고 먹고 자고 움직이지만 커다란 재난을 당하면 그것을 새로운 방법으로 이겨내지 못하지. 하지만 사람은 재난을 겪어도 행복할 수 있고 불행 속에서도 지혜를 얻을 수 있단다. 왜냐하면 사람은 생각할 수 있기 때문이야."

카블로가 다시 물었다.

"불행을 겪어도 지혜를 얻는다는 건, 비슷한 불행을 또 다시 겪을 때 우리를 지킬 수 있는 새로운 방법을 생각할 수 있다는 것이겠지요? 그렇다면 폭풍우로부터 우리를 지킬 방법도 생각해 낼 수 있지 않을까요?"

"그렇단다, 아들아. 천천히 생각해보렴."

카블로는 그날 밤, 폭풍우로부터 가족을 지킬 방법을 곰곰이 생각했다. 하지만 뾰족한 방법이 떠오르지 않았다.

"난 아직 지혜가 없으니 사람이 아닌가 봐. 폭풍우로부터 가족도 못 지키잖아."

카블로는 자신을 탓하며 중얼거렸다.

다음 날, 카블로는 찰흙 밭에 가보기로 했다. 어제 빚어놓은 항아리들이 깨지거나 폭풍에 휩쓸려가지나 않았는지 걱정이 되었다.

"아, 다행이다!"

카블로가 탄성을 질렀다. 찰흙 밭은 안전했다. 물에 좀 젖었지만 항아리들도 무사했다. 찰흙 밭의 낮은 곳은 물이 들어 질퍽했지만 높은 곳은 그렇지 않았다. 오히려 찰흙은 항아리를 빚기에 적당하게 젖어 있었다.

'집에 항아리가 하나도 안 남았어. 아무래도 항아리를 많이 만들어야겠어.'

카블로는 찰흙을 부드럽게 주물러서 항아리를 만들기 시작했다.

'빨리 항아리를 구워야 어머니가 편하실 텐데. 아버지가 언제 항아리를 구우실까? 집이 다 지어질 때까지 기다리실까? 나 혼자서라도 항아리를 구워야겠어. 아버지와 삼촌들이 집을 짓는

동안 항아리를 구우면 될 거야.'

카블로는 혼자 결정을 내렸다. 카블로는 어쩐지 자신이 생각하는 사람이 된 것 같아 기분이 좋아졌다.

작은 찰흙 덩이를 가볍게 두드리던 카블로에게 또 다른 생각이 번쩍 떠올랐다.

'계곡물이 찰흙 밭으로 흘러들었지만 찰흙이 모두 쓸려가지는 않았어. 그건 어제 만든 항아리들이 물을 빨아들였기 때문이야. 우리 집 지붕을 찰흙으로 만든다면 폭풍우가 몰아쳐도 물을 빨아들여 무너지지 않을 거야. 그런데 지붕을 덮을 만큼 커다란 찰흙 판을 어떻게 만들지? 그리고 구울 수는 있을까?'

카블로는 찰흙 덩이를 납작하게 펴서 네모난 모양으로 만들었다. 카블로는 기와 모양의 네모난 찰흙 판을 이리저리 살펴보았다.

"이런 건 장난감 집 지붕으로밖에 쓰지 못하겠어. 그래도 항아리를 굽고 남은 재에 이걸 묻어서 구워볼 거야! 그리고 어떻게 되는지 살펴봐야겠어."

이틀 후에 카블로는 불을 피워 항아리들을 구운 다음, 뜨거운 잿더미 속에 네모난 찰흙 판을 묻었다. 한참 후, 카블로는 잿더미 속에서 네모난 기와를 꺼냈다. 기왓장은 돌처럼 단단하게 굳어 있었다.

"아버지! 이것 좀 보세요. 이걸 크게 만들어 지붕을 덮으면 어떨까요? 그러면 폭풍우도 막을 수 있을 거예요."

아버지는 기왓장을 한참이나 이리저리 돌려보았다. 그러더니
말했다.

"아들아, 이 작은 찰흙 판을 많이 만들어 보자구나. 그것들을
모아서 지붕을 덮으면 비가 새지 않을 거야. 우리 아들이 지혜
로운 사람이 되었구나, 허허."

아버지가 너털웃음을 터뜨렸다. 그때 삼촌들이 나무를 지고
왔다.

"어휴, 힘들다. 나무 도끼로 나무를 베는 건 정말 힘들어. 그런
데 형님, 나무로만 집을 지을 게 아니라 돌도 쌓아 집을 지으면
좋겠어요. 돌은 홍수에도 잘 휩쓸려가지 않을 테니까요. 설령 돌
이 몇 개쯤 쓸려가도 집이 완전히 부서지지는 않을 테죠."

인간에게는 생각하는 힘이 있었다. 이렇게 생각하는 힘은 불
행 속에서 밝은 지혜를 가져다주었다.

가족이 모두 모였다. 집의 아랫부분에는 돌을 쌓았고 그 위로
는 나무로 벽을 만들었다. 지붕은 단단한 찰흙 판으로 덮었다.

"우와! 우리 집이 정말 튼튼하고 멋있어!"

동생들이 좋아서 팔짝팔짝 뛰었다.

"이제는 폭풍우쯤은 끄떡없을 거야!"

카블로가 큰 소리로 외쳤다.

하지만 다음 해가 되자 폭풍우 대신 다른 재해가 닥쳤다. 태

양신은 얼굴을 하늘 속 깊이 감추었다. 세상을 얼려버릴 듯 혹독한 추위와 함께 이른 겨울이 찾아왔다. 눈이 한없이 내렸다. 온 세상이 흰 눈으로 덮여 길도 모두 사라져 버렸다. 나무들도 눈의 무게를 이기지 못하고 툭툭 부러졌다. 겨울은 너무 길었고 여름은 너무 짧았다.

가축들이 먹을 풀조차 자라지 않았다. 카블로는 언제나 신선하고 맛있는 풀이 자라던 산 너머 목초지로 양 떼와 염소들을 몰고 갔다. 어린 염소들은 가다가 쓰러져 죽기도 했다. 하지만 그곳에도 풀은 거의 보이지 않았다.

'이렇게 먹이가 없으면 모두 죽을 텐데.'

카블로는 또 다른 재난 앞에서 두려운 마음이 들었다.

"아버지, 우리는 지혜가 있는 사람이잖아요? 그러니까 이 재난도 이겨낼 수 있어야 하는 거 아니에요? 하지만 아무런 방법도 없는 것 같아요."

"모든 재난은 이겨낼 수 있는 거란다. 더 큰 재난이 오면 더 깊이 생각을 해야 한단다."

아버지는 한동안 깊은 생각에 잠겼다. 그리고 깊은 생각 속에서 불행을 이겨낼 지혜를 얻을 수 있었다. 인간은 고난을 겪고 나서야 어떻게 해야 할지 깨닫는 존재였다.

"우리는 이곳을 떠날 거야. 이 산을 벗어나 더 넓은 땅이 있는 곳으로 가도록 하자."

카블로는 눈물을 글썽였다. 정든 산과 밭, 아그니 신에게 기도를 올리던 마당, 찰흙 터. 모든 것이 그리울 것 같았다. 하지만 이곳을 떠나야 한다는 걸 카블로도 알았다.

카블로 가족을 비롯한 아리아인들은 비가 내리는 가을이 오기 전에 양 떼와 소 떼를 몰고 힌두쿠시 산맥을 떠났다. 일행은 거대한 인더스강 유역의 평야지대로 천천히 걸어갔다.

가는 길에 허리가 구부정한 할아버지가 이렇게 물었다.

"조금만 있으면 가을비가 내려서 사방에서 풀이 자랄 텐데 왜 떠나는 거요?"

"가을비가 내리면 올해는 괜찮을 거예요. 하지만 그 다음 해는 어찌될지 어떻게 알겠어요? 지난겨울이 너무 길어 염소와 양들이 많이 죽었어요. 그래서 사시사철 마르지 않는 인더스강으로 가려는 겁니다. 우리는 산악지대의 경사면 대신에 평탄하고 곡물이 잘 자라는 땅을 경작할 거예요."

가는 길에 만난, 키가 큰 젊은이는 카블로네를 비웃으며 이렇게 말했다.

"그곳엔 짐승처럼 사나운 야만인 다시우스족(드라비다족)이 살고 있어요. 그런데도 왜 그런 곳으로 가려는 거죠? 그들은 속 빈 나무 안에 살면서 농사도 지을 줄 모르고 옷감도 짤 줄 모르고 집도 지을 줄 몰라요. 더구나 소나 양도 기르지 않고 짐승 소리 같은 말밖에 할 줄 모르는 그런 야만족이라고요. 우리를 보기만 해도 갈가리 찢어버릴 거란 말입니다."

카블로 아버지는 이렇게 대답했다.

"우리의 신께서는 다시우스족을 정복하라고 우리에게 명하셨습니다. 우리의 신 아그니는 다시우스족 땅을 우리 아리아인에게 넘겨주실 겁니다. 그리고 미개한 다시우스족도 그 땅에서 농사짓는 법을 배울 겁니다."

카블로 가족을 비롯한 아리아인들은 그렇게 해서 인더스강의 평야지대로 내려갔다.

아리아인은 강을 '신두'라고 불렀는데, 이 말 때문에 사람들은 아리아인을 '신두스' 또는 '힌두스'라고 부르게 되었다. 그러니까 힌두스는 '강의 사람들'을 뜻하는 말이었다.

그러나 옛 사람들은 힌두스라는 이름보다 더 오래된 '아리아'라는 이름을 훨씬 더 소중하게 여겼다. 그리고 훗날 소년 카블로가 어른이 되었을 때 아리아는 존귀한 이름으로 여겨지거나 옛 조상들을 가리키는 이름으로 자리 잡았다.

산악지대에서 내려왔을 때 카블로는 열두 살쯤 되었는데, 자신의 나이인 열두 살을 뜻하는 12년이라는 시간 단위를 몰랐다. 그래서 소년에게 나이를 물어보면 자기가 태어난 지 150달이 지났다고 대답했다. 이 '달'이라는 말은 아리아인들이 시간을 재는 단위였다. 그들은 나이를 달로 계산했고 또 씨앗을 뿌리거나 수확하거나 축제를 여는 중요한 시기들도 달로 계산했다.

그들이 "우리의 아버지들은 2000달 전에 산악지대에 있던 고향에서 내려왔지."라고 말할 수 있을 만큼 세월이 흘렀을 때, 카블로의 자손들은 인더스 강가에서 살고 있었다.

그런데 인더스 강가에서 한 소년이 슬픔을 삼키며 앉아있었다. 소년은 카블로 아들의 손자의 손자였다. 어릴 때 함께 놀던 친구 다리우스가 먼 여행을 떠나기 때문에 슬픔에 잠겨있는 것이었다.

그날은 다리우스가 아버지, 어머니, 형과 여동생들, 친지들과 함께 머나먼 여행을 떠나는 날이었다. 그들이 떠날 방향은 해가 지는 서쪽이었다. 그들의 여행은 지금 우리가 '페르시아'라고 부르는 땅에 도착할 때까지 계속되었다.

페르시아에 도착한 다리우스의 자손이 무슨 일을 했고 어떻게 살았는지 알려면 우리는 또 다른 다리우스를 만나러 먼 길을 떠나야만 한다. 페르시아에 사는 다리우스란 소년은 인더스강에서 해가 지는 쪽으로 먼 여행을 떠나온 다리우스 가족의 손자의 손자들 가운데 한 명이기 때문이다.

아리아를 알기 위해 꼭 알아야 할 역사 상식

아그니신

아리아인은 흰 피부에 키가 큰 민족이다. 이들은 지금의 유럽, 인도, 페르시아 세 갈래로 이동했는데, 인도 쪽으로 넘어온 아리아인들을 인도아리아인이라고 한다. 인도를 침입하기 시작할 때 아리아인들은 청동기를 사용했고 하늘, 태양, 번개와 같은 자연신과 불의 신인 아그니를 섬겼다. 그후 아그니신은 모든 가정에 머물며 가족을 보호하는 수호신으로 숭배되었다.

이런 아리아인들의 믿음은 후에 제사의식을 전문으로 하는 사제계급 브라만이 출현하면서 제사의식으로 자리 잡았다. 브라만 시대 신들의 이야기는 인도에서 최고로 오래된 문헌인 『리그 베다』에 전해지고 있다.

『리그 베다』에 따르면 아그니는 인간과 신을 이어주는 중계자 역할을 한다. 아그니는 두 개의 얼굴과 일곱 개의 혀, 빨간색 몸에 붉은 불꽃으로 된 옷을 입고 있고 보통은 전차를 타지만 숫양이나 염소를 타고 다니기도 한다.

아그니는 베다 시대 이후 현재 힌두교에 이르기까지 제사의식과 결혼식에 중요한 증인으로 숭배 받고 있다.

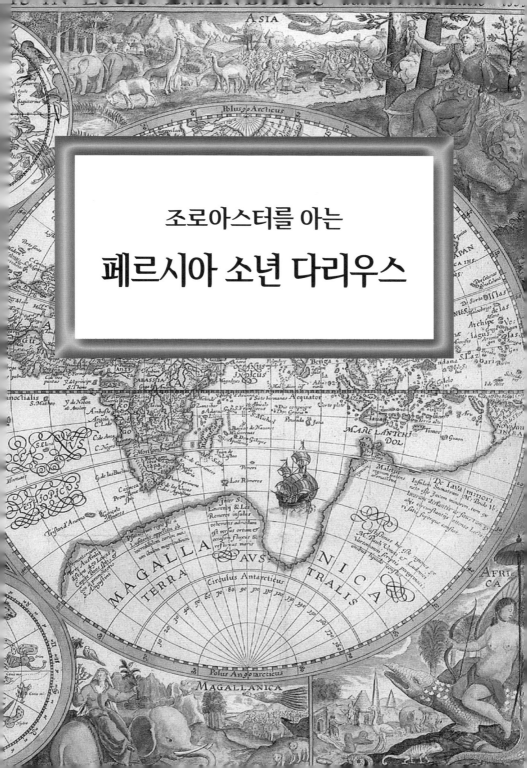

조로아스터를 아는
페르시아 소년 다리우스

진리, 용기, 복종!

우리는 카블로와 헤어져 두 번째 기차역에 도착했다. 그곳엔
앞에서 말한 페르시아 소년 다리우스가 살고 있다. 다리우스를
만나기 전에 다리우스가 사는 바빌로니아라는 거대한 도시를
먼저 구경하도록 하자.

바빌로니아는 높은 성벽과 성문으로 둘러싸인 궁궐과 정원
들, 그리고 사원들로 이루어진 화려한 도시였다. 이 도시에는 황
금의 전당들, 휘황찬란한 보석으로 장식된 벽화들이 가득했다.
탁자와 의자 다리가 황금과 은으로 만들어진 것도 있었다.

이 도시는 눈부시도록 찬란하고 아름답게 빛났다. 마치 들판
에 우뚝 솟아 반짝이는 거대한 보석처럼 보였다. 도시 가운데로
는 넓은 유프라테스강이 유유히 흐르고 강변에는 야자수들이
높은 키를 자랑하고 있었다. 가까운 계곡에서는 야생 배와 복숭
아들이 향기롭게 익어가고 있었다.

이렇게 찬란한 도시를 건설하게 된 것은 키루스왕 덕분이었다. 페르시아의 위대한 왕 키루스는 바빌로니아뿐만 아니라 여러 나라를 정복했다. 덕분에 도시는 풍요로워졌고 바빌로니아에 사는 모든 페르시아 사람들도 넉넉하게 살게 된 것이다.

페르시아 소년 다리우스가 이곳에 살게 된 것은 다리우스 조상들이 먼 옛날 이곳에 자리 잡았기 때문이다. 다리우스 조상들 이전에는 카블로 부족의 이동이 있었다.

아주 먼 옛날, 카블로 부족 사람들은 산악지대를 떠나 기나긴 행렬을 이루며 평야지대로 내려왔다. 그런데 산을 떠난 사람 중에는 다른 생각을 가진 사람들도 있었다. 그 사람들은 모험심이 강하고 젊고 강인했다. 마음속은 더 큰 세계를 보고 싶은 열망으로 가득했다.

"난 강가보다는 서쪽으로 가보고 싶어. 그곳으로 가면 더 넓은 세상을 만날 수 있을 거야."

그 사람들은 더 넓은 세상을 찾아 서쪽으로 길을 떠났다. 인더스강 유역의 평야지대 대신 높고 거대한 이란 고원 쪽으로 가게 된 것이다. 그들의 여행은 이란 고원을 지나 흑해 해안가에 도착하고 나서야 끝났다.

이때 무리를 이끌던 지도자는 데라데타란 사람이었다. 흑해에 도착하자 데라데타는 어떻게 할지 고민에 빠졌다. 그래서 사람들에게 물었다.

"자 이제 어떻게 할까?"

사람들은 잠시 생각하더니 말했다.

"무리를 절반으로 나누어요. 우리들 가운데 절반은 해안선을 따라 북쪽으로 가고 나머지 절반은 남쪽으로 가는 게 좋겠어요. 거기서 훨씬 더 넓은 땅을 찾아 우리 땅으로 만들어요."

그래서 데라데타는 자기를 따르는 무리를 이끌고 남쪽으로 갔고, 칼란타라는 또 다른 지도자는 무리를 이끌고 북쪽으로 갔다.

데라데타는 출발하기 전에 사람들을 모아놓고 이렇게 말했다.

"우리는 이제 영원히 헤어질지 모릅니다. 그래도 우리 조상들의 전통을 잊지 맙시다. 오, 아그니 신이시여, 우리에게 용감한 동료와 넘치는 행복과 고결한 아이들과 풍요를 주옵소서."

사람들은 모두 경건한 마음으로 데라데타와 함께 기도했다.

다음 날 새벽에 칼란타 무리는 북쪽으로, 데라데타 무리는 남쪽으로 여행하기 시작했다. 그리곤 각자 마음에 드는 곳에 정착해서 마을을 건설했다.

그리고 오랜 세월이 흐른 어느 날, 카블로 아들의 손자의 손자였던 다리우스네 부족이 인더스강가를 떠나 그들이 살고 있는 땅에 도착했다. 다리우스 부족은 그 마을에 들어서자 바짝 긴장했다. 마을 사람들과 적이 될지 친구가 될지 전혀 짐작할 수 없었기 때문이었다.

그때, 한 건장한 마을 남자가 다리우스네 사람들을 발견했다.

그는 낯선 사람들을 향해 거침없이 다가왔다. 남자는 양털실로 짠 옷을 입고 있었는데, 옷은 길게 늘어졌고 소매통은 넓었다. 남자는 다리우스 지도자가 탄 말을 손가락으로 가리키며 외쳤다.

"아스파, 아스파!"

그러더니 다리우스 부족이 늘 가지고 다니는 불을 향해 고개를 깊숙이 숙였다.

다리우스네 지도자가 물었다.

"그대도 빛과 생명의 아버지를 숭배하는군요. 그대에게 빛과 생명의 아버지를 숭배하도록 가르친 분은 누구십니까?"

남자는 완전히 이해하지는 못했지만 대충 말뜻을 알아듣고는 말했다.

"저는 이 마을의 족장입니다. 우리의 조상님들은 수많은 달전에 머나먼 산악지대에서 신성한 불을 가지고 이곳으로 오셨습니다. 그분들께서 빛과 생명의 아버지인 신성한 불을 숭배하라고 우리에게 가르치셨습니다."

다리우스네 지도자는 기뻐하며 말했다.

"오, 당신은 우리의 형제이군요. 우리의 먼 조상들도 산악지대에서 살았답니다. 족장님, 우리 부족은 이곳에 정착하고 싶습니다. 그래서 우리의 형제들과 함께 살고 싶습니다."

그래서 다리우스 부족은 그곳에서 살게 되었다. 그 땅에 먼저 도착해서 살아가던 사람들을 메데인이라 불렀고, 새로 도착한 다리우스네 부족 사람들을 페르시아인이라고 불렀다. 처음에는 메데인이 페르시아인을 지배했다. 그러나 세월이 흘러 키루스라는 위대한 페르시아 왕이 나타나면서 페르시아인이 메데인을 지배하게 되었다. 그 시대가 바로 페르시아 소년 다리우스가 살던 시대였다.

예전에 산악지대의 카블로가 그랬듯이 다리우스도 해가 뜨기 전에 일어났다. 그리곤 재빨리 도시의 성문 밖에 펼쳐진 들녘 운동장으로 뛰어나갔다. 새벽빛이 아스라한 들녘엔 페르시아 소년과 어린아이들이 모여들었다.

다리우스는 가죽으로 만들어진, 소매가 짧고 무릎까지 내려오는 윗도리와 바지를 입었다. 입고 벗기가 좀 불편하긴 했지만 페르시아 소년이라면 누구나 그 옷을 입었다.

다리우스는 곧 화살통을 어깨에 메고 손에 활을 들었다. 대여섯 살밖에 되지 않은 어린아이들은 활 대신 새총과 조약돌을 들었다.

"어서들 줄 서라!"

교관의 명령에 소년과 아이들은 재빨리 줄을 섰다.

이곳이 바로 소년들의 학교였다. 이 학교에는 수업 시간표도 없었고 글을 가르쳐줄 선생님도 없었다. 다리우스와 친구들이 이 학교에서 배우는 것은 딱 세 가지였다.

'활쏘기, 말 타기, 진실 말하기!'

다섯 살짜리 아이들은 활쏘기 대신 새총 쏘는 법을 배웠다. 아이들은 한 줄로 서서 차례가 오길 기다렸다. 자기 차례가 오면 가죽으로 만든 새총에 조약돌을 재우고 멀리 쏘는 연습을 했다. 그렇게 어린아이들이 새총 쏘기를 연습하는 동안 나이 많은 소년들은 활쏘기와 창던지기를 연습했다. 새총 쏘기 연습을 마친 어린아이들이 달리기 연습을 하고 나면, 조금 더 큰 소년들이 달리기 연습을 했다.

"자, 이제 말 타기 연습을 해라!"

교관의 명령에 다리우스는 말을 타려고 줄을 섰다. 다리우스는 일곱 살이 된 다음부터 매일 말 타기 연습을 해오고 있었다. 운동장에선 말들이 갈기를 휘날리며 달리고 있었다. 다리우스는 긴장을 늦추지 않았다. 긴 창을 들고 달리는 말 등에 올라타는 건 쉽지 않은 일이었다.

드디어 다리우스 차례가 돌아왔다. 다리우스는 달리는 말을 향해 힘차게 달려들었다. 하지만 말은 다리우스를 바닥에 내동댕이치고는 멀리 달아나버렸다.

"우하하하, 저 꼴 좀 봐라."

말 타기에 성공한 에메트가 다리우스를 놀렸다. 다리우스가 에메트를 향해 소리쳤다.

"두고 봐! 다음엔 꼭 성공할 테니."

다시 다리우스 차례가 돌아왔다. 다리우스는 창을 쥐고 달리

는 말을 향해 힘껏 뛰었다. 말의 숨소리가 들릴 정도로 가까워
지자 다리우스는 말 등에 훌쩍 올라타서 고삐를 쥐었다.

"야호! 성공이다!"

다리우스는 말을 타고 에메트를 앞질러 신나게 달렸다. 말도
기분이 좋은지 '히힝' 울었다. 다리우스는 이번엔 말을 몰아 오
른편에 서 있는 오래된 떡갈나무를 향해 달리기 시작했다. 늙은
떡갈나무엔 표적이 붙어 있었다.

다리우스는 최대속력으로 달리면서 표적을 향해 창을 던졌
다. 창은 '쉭' 소리를 내며 표적을 정확히 맞혔다. 다시 말을 돌
려 이번엔 표적을 향해 활을 쏘았다. 강철로 된 화살촉이 나무
에 '윙' 소리를 내며 그대로 박혔다. 다리우스가 신나서 외쳤다.

"와, 명중이다!"

에메트도 활을 쏘았다. 하지만 화살은 표적을 맞히고는 툭 떨
어져 버렸다.

"우하하, 에메트, 그 정도 실력밖에 안 되다니, 쯧쯧."

"핏, 실력 때문이 아니야. 청동으로 된 화살촉으로 쏘아서 그래."

에메트가 변명을 했다. 사실 청동으로 된 화살촉은 강철로 된
화살촉보다 강하지 못해서 표적에 박히는 힘이 약했다. 에메트
의 말은 변명이 아니라 사실이었다.

훈련을 마치고 다리우스를 비롯한 소년들은 다시 교관 앞에
모였다. 교관은 경건한 표정으로 말했다.

"소년 전사들이여! 조로아스터의 가르침을 잘 새겨들어라. 거룩한 『아베스타』에는 이런 가르침이 있다. 세상에는 선한 신과 악한 신이 있으니 두 신 가운데 한 신을 마음으로, 말로, 행동으로 선택하라. 선인이 되어야지 악인은 되지 말아야 한다. 선은 거룩하고 참된 것이니 진실과 거룩한 행동으로 찬양하라. 사람은 선한 신과 악한 신을 한꺼번에 받들 수 없기 때문이다."

소년들이 교관의 말을 큰 소리로 따라했다.

"선인이 되어야지 악인은 되지 말아야 한다. 선은 거룩하고 참된 것이니 진실과 거룩한 행동으로 찬양하라. 사람은 선한 신과 악한 신을 한꺼번에 받들 수 없기 때문이다."

조로아스터는 아주 먼 옛날 페르시아에서 『아베스타』라는 조로아스터교의 경전을 쓴 위대한 스승이었다. 소년 다리우스는 날마다 조로아스터의 가르침을 들었다. 그럴 때마다 꼭 선한 사람이 되겠다고 마음속으로 깊이 다짐했다.

수업이 끝나자 교관이 말했다.

"이제 어린아이들은 집으로 돌아가고 큰 소년들은 사냥을 나가도록 한다!"

명령에 따라 다리우스와 소년들은 먼 북쪽 초원을 향해 말을 달렸다. 영양이 한가로이 풀을 뜯다가 소년들의 말발굽 소리를 듣고 달아나기 시작했다.

"모두 영양을 쫓아가자!"

다리우스와 소년들은 재빠르게 달아나는 영양을 쫓았다. 영양이 점점 가까워졌다. 다리우스는 달리는 말 위에서 화살을 메겼다.

'바로 지금이야!'

다리우스가 영양을 향해 화살을 쏘았다. '핑' 소리를 내며 화살이 영양을 맞혔다. 영양은 비틀거리며 도망가기 시작했다. 영양을 향해 다른 소년들도 잇달아 화살을 쏘았다. 영양은 얼마 가지 못하고 펄썩 쓰러졌다.

"와! 와! 와!"

소년들은 함성을 질렀다. 그날 밤 다리우스와 친구들은 영양 고기로 실컷 배를 채웠다. 그것은 다리우스가 그날 처음으로 먹는 음식이었다. 다리우스는 사실 학교에 오기 전부터 아무 것도 먹지 않았다. 다리우스는 하루에 한 끼만 먹는 데 익숙해져 있었다. 게다가 먼 데까지 사냥을 나갈 때면 이틀에 한 끼만 먹을 때도 있었다. 그건 다른 소년들도 마찬가지였다.

어느새 까만 밤이 찾아왔다. 다리우스는 친구들과 풀밭에서 잠을 청했다. 노곤함이 채 가시기도 전에 다리우스는 서늘한 기운에 잠이 깼다. 이슬이 내려 온몸이 촉촉이 젖어있었다. 별들이 아직도 하늘에 남아 여린 빛을 내며 소년들을 내려다보고 있었다. 다른 친구들도 서서히 잠에서 깨어났다. 교관은 잠시의 틈도 주지 않고 바로 명령을 내렸다.

"모두 강을 건널 준비를 하도록!"

소년들이 모두 강가에 모였다. 교관은 소년들에게 엄격한 목소리로 주의를 주었다.

"강을 건너는 동안 활과 화살통이 강물에 젖지 않도록 조심해라!"

다리우스는 활과 화살통을 머리 위로 높이 들어 올리고 조심스럽게 말을 몰았다. 여울목의 빠르고 거센 물살이 넘어뜨릴 것처럼 달려들었다. 말은 두려운지 뒷걸음질을 쳤다. 다리우스는 발로 말의 배를 힘껏 찼다. 그제야 말은 거센 물결을 헤치고 천천히 앞으로 나아갔다. 다른 소년들도 조심스럽게 강을 건넜다.

소년들은 이제 도시에서 멀리 떨어진 울창한 숲으로 말을 달렸다. 숲에 이르자 교관이 다시 명령을 내렸다.

"이제부턴 스스로 먹을 것을 찾아라! 너희들이 군인이 되었을 때 적진에서도 살아남는 법을 배워야 한다."

다리우스는 친구들과 함께 숲을 돌아다니며 먹을 것을 찾았다.

"앗, 저기 복숭아다."

에메트가 소리쳤다. 복숭아나무에 복숭아가 주렁주렁 달려있었다. 다리우스는 친구들과 복숭아를 따서 배를 채웠다. 야생 배와 야생 밤도 따서 먹었다.

그날 수업은 그렇게 끝났다. 자유 시간이 주어지자 다리우스는 에메트와 함께 숲과 초원을 향해 달려 나갔다. 숲에서 온갖 동물들의 뒤를 쫓으며 신나는 탐험을 했다.

학교가 끝나고 다리우스가 집으로 돌아가는 길이었다. 멀리 자도크가 보였다.

"앗, 자도크다! 자도크, 안녕!"

"다리우스, 안녕!"

자도크가 반가운 얼굴로 달려와 펄쩍펄쩍 뛰었다.

다리우스가 자도크를 만난 건 1년 전 어느 날이었다. 다리우스는 강둑에서 친구들과 뛰어놀다가 한 소년을 보았다. 소년은 부러운 얼굴로 소년들을 지켜보고 있었다. 다리우스와 눈이 마주치자 소년은 강둑의 수풀에 몸을 반쯤 숨겼다.

그때 에메트가 소리쳤다.

"저기 봐. 히브리(유대인) 녀석이다. 저 녀석은 우리랑 달라. 말 타기도 새총 쏘기도 할 줄 몰라."

하지만 다리우스가 친구들을 보며 말했다.

"하지만 히브리 아이들은 신기한 이야기를 많이 알고 있다고 들었어. 또 꿈이나 전쟁에 대한 이야기도 아주 많이 알고 있대. 그 이야기들은 히브리인들이 고향에서 가져온 이야기 같아. 아마 저 아이는 널따란 소금 바다도 봤을 거야. 우리, 저 아이를 불러서 바다 이야기를 들어보는 건 어때?"

"그래, 재미있겠다."

친구들의 말에 다리우스는 바위에서 뛰어내려 소년에게 달려가 말했다.

"이리 와서 우리에게 바다 이야기를 해 줄래? 너에게 복숭아와 땅콩을 줄게."

자도크는 다리우스의 말에 마음이 놓였다. 작은 병사들인 페르시아 소년들은 두려웠지만 어쩐지 다리우스만은 두렵지 않았다. 게다가 페르시아의 대왕 키루스도 히브리 백성들에게 아주 잘 대해주었다.

자도크는 다리우스와 함께 바위 위로 기어 올라가 앉았다. 오후의 햇볕이 자도크의 얼굴을 따뜻하게 쓰다듬어 주었다.

"히브리 소년! 바다 이야기를 해줘."

페르시아 소년들이 자도크를 향해 졸라댔다.

"내 이름은 자도크야. 그런데 난 바다를 본 적이 없어."

자도크는 풀이 죽어 말했다. 하지만 이내 눈을 빛내며 이야기를 시작했다.

"하지만 친할아버지가 바다 근처에 사셨어. 할아버지께선 내게 티레에 모여든 배들에 대해 이야기해주셨어. 그 배들은 커다랗고 하얀 돛을 달았대. 기다란 노도 많이 달려있고. 또 비싼 목재와 황금들, 갖가지 화려한 옷과 붉은 양탄자를 가득 싣고 있었지. 그 배들은 주님의 숨결인 바람이 불면 사막처럼 넓고 거친 바다에서도 낙타나 말보다 빨리 달렸대.

할아버지께선 나만큼 어렸을 때 바닷가를 떠나셨지만 어렸을 때 본 배들을 절대 잊지 못하셨어. 우리는 앞으로 그 바닷가가 있는 옛 고향으로 돌아갈 거야. 나는 고향인 예루살렘에 한 번도 가본 적이 없어. 그래서 빨리 가고 싶어."

"그런데 너희는 왜 고향을 떠나 온 거니?"

"우리 아버지가 나만큼 어렸을 때 바빌로니아 군대가 예루살렘에 쳐들어왔어. 그들은 아름다운 성벽을 무너뜨리고 우리의 주님 야훼를 모신 거룩한 전당까지 마구 들어왔어. 그들은 제단에 있는 황금과 은그릇들을 다 가져갔어. 그때 예루살렘에 살던 남자와 여자는 물론 어린아이들까지 포로로 붙잡혀갔어. 많은 사람들이 예루살렘을 떠나 여기저기로 흩어질 수밖에 없었지. 아버지는 그때 예루살렘에 계시지는 않았지만 친척을 찾아 사막을 건너 이 도시로 오게 된 거야."

"바빌로니아 군대에 맞서 싸웠어야지!"

에메트가 성난 듯이 소리쳤다.

"물론 싸우기도 했지. 하지만 주님께선 뜻이 있어 예루살렘을 적군의 수중에 넘겨주신 거래."

"그러면 너희가 모시는 신은 바빌로니아 사람들이 믿는 벨 신보다 약하고 우리를 정복자로 만들어주신 오르마즈드 신보다도 약하다는 말이네."

다리우스가 말했다.

"아니야, 그렇지 않아!"

자도크가 다리우스를 노려보며 말했다.

"우리 아버지가 그러셨어. 주님께선 모든 신들의 왕이야. 너희들, 이 커다란 바빌로니아 도시를 지켰던 벨 신의 황금 동상을 보았지? 바빌로니아 사람들은 이렇게 우상을 섬기지만, 우리가 모시는 주님은 조각상으로 만들지 않아. 왜냐하면 그분은 세상에서 가장 높은 신이고 하늘과 땅을 만드신 조물주이기 때문이야."

"음, 알겠다! 우리 페르시아인도 우주를 만든 오르마즈드 신의 동상은 만들지 않아. 그것과 비슷한 거네."

이번엔 자도크가 궁금한 듯 물었다.

"너희도 우상을 섬기지 않는구나. 그러면 너희를 가르치는 예언가는 있니?"

다리우스가 고개를 끄덕이며 말했다.

"물론이지. 그분은 거룩한 조로아스터님이야. 우리가 가야 할 길을 밝게 비추시는 황금빛별 같은 분이지."

"음, 그렇구나. 우리 주님은 고향을 잃게 만드셨지만 우리를 다시 구원해주겠다고 약속하셨어. 주님이 너희에게 키루스 대왕을 보낸 까닭도 바로 바빌로니아 사람들로부터 우리를 해방시키기 위해서라고 그랬어."

"키루스 대왕님은 주님이 보내신 분이 아니야! 그분은 오르마즈드를 모신다고! 하지만 키루스 대왕이 너희를 해방시킨다는 약속은 우리도 들었어.”

“아냐, 그렇지 않아!”

자도크는 다리우스의 말에 답답하다는 듯 말했다. 어느덧 해는 저물어 강둑에도 어둠이 깃들기 시작했다.

“앗, 난 그만 집에 가야 해. 자도크, 다음에 또 보자. 내일 아침 일찍 운동장에 나가야 해”

“다리우스, 안녕.”

다리우스는 자도크와 헤어지는 게 아쉬웠다. 생각은 서로 달랐지만 자도크와 이야기하는 게 재미있었다.

다리우스 어머니는 다리우스를 하룻밤이나 지나서 보았지만 전혀 걱정하는 표정이 아니었다. 저녁밥도 주지 않았다. 다리우스 나이는 열두 살이고 이제 자기가 할 일은 알아서 할 만큼 컸기 때문이었다. 어머니는 다리우스의 형도 돌보지 않았다. 형은 열다섯 살이어서 내일이면 왕의 군대에 입대할 예정이었다. 어머니는 다섯 살이 채 되지 않은 어린 동생들만 돌보았다.

그러던 어느 날이었다. 아버지가 다리우스를 불렀다.

“다리우스야, 농사를 짓는 친척 아저씨가 일손이 부족하다고 하는구나. 가서 도와드리고 오렴.”

“아버지, 전 농사를 지어본 적이 없잖아요.”

아버지가 엄격한 표정을 지으며 말했다.

“페르시아 소년 병사라면 무엇이든 할 수 있어야 한다.”

다리우스는 아버지 말씀대로 바빌로니아를 떠나 친척 아저씨 농장으로 갔다.

농장에 도착하자 아저씨가 반갑게 맞이해주었다. 아저씨는 다리우스에게 농사를 가르치기 전에 다리우스에게 당부했다.

"『아베스타』경전에서는 우리에게 이런 가르침을 주고 있단다. '인간의 사명 중 하나는 생명과 빛의 아버지가 인간에게 선사한 땅을 경작하고 나무를 심는 일이다. 그 사명을 따라야만 풍요로운 대지가 번영하고 기쁨으로 넘친다.' 그러니 우리가 농사를 짓는 것은 신의 뜻이란다. 그러니 신의 뜻임을 알고 농사를 짓도록 해라."

다리우스는 농사를 짓는 것이 신의 뜻이라면 열심히 농사를 지어야겠다고 마음먹었다. 다리우스는 사촌 바리타와 함께 새까만 양과 염소 떼를 돌보고 쟁기질도 처음으로 했다.

그러던 어느 날 아침이었다.

"정말 어쩌지. 이러다 큰일 나겠어, 휴우."

친척 아저씨가 근심에 쌓여 중얼거리며 한숨을 내쉬었다. 아저씨는 과수원의 복숭아나무, 사과나무, 배나무를 슬픈 눈으로 멍하니 바라보다가 가끔 남동쪽을 걱정스러운 눈으로 바라보기도 했다.

복숭아나무들은 이제 갓 분홍색 복사꽃을 피우기 시작했다. 사과나무와 배나무들은 꽃잎을 바닥에 떨어뜨리고 자그마한 열매를 달고 있었다. 떨어진 꽃잎들은 바닥에 쌓여 새하얀 천을 깔아놓은 듯 보였다.

아저씨는 안타까운 듯 중얼거렸다.

"이틀이나 동남풍이 불고 있어. 밤이 오기 전에 바람의 방향이 바뀌지 않으면 메뚜기 떼가 이곳을 덮칠 텐데……. 사람을 상대로 싸워 이길 수는 있어도 곤충들을 상대로 이길 수는 없어. 메뚜기 떼와 싸우느니 차라리 바빌로니아 군대 전체와 싸우는 편이 낫지."

다리우스는 아저씨 말을 듣고 걱정이 되었다. 메뚜기 떼는 본 적이 없지만 바빌로니아 군대보다 힘이 세다니.

다음 날, 농장 인부들의 고함 소리에 다리우스는 잠이 깼다. 밖에 나와 보니 샛별도 뜨지 않은 이른 새벽인데 메뚜기 떼가 농장을 새까맣게 뒤덮었다. 사람들은 메뚜기 떼를 쫓느라 이리저리 뛰어다니고 있었다. 다리우스도 메뚜기들을 쫓으려 나무 작대기를 휘둘렀지만 메뚜기들은 날아가는 듯 하다 다시 내려앉아 잎들을 갉아먹었다. 나중에는 모두 포기한 채 메뚜기 떼를 멍하니 바라만 보았다.

한참 후, 메뚜기 떼는 다시 하늘을 새까맣게 덮으며 어디론가 날아갔다. 메뚜기 떼가 휩쓸고 지나간 곳에는 풀 하나, 나뭇잎 하나 남아있지 않았다.

"올해는 수확할 게 아무 것도 없구나."

아저씨가 침통하게 말했다.

"농사는 글렀으니 양과 염소를 몰고 목초지가 있는 높은 지대로 가야겠다. 다리우스야, 당분간 바리타가 네 집에서 지내야겠구나."

그래서 다리우스는 사촌형제 바리타를 데리고 바빌로니아에 있는 집으로 길을 떠났다. 짧은 가죽옷을 입은 두 소년은 먼 길을 터덜터덜 걸어가기 시작했다.

"휴, 난 메뚜기 떼가 그렇게 무서운 줄 몰랐어."

바리타가 한숨을 내쉬며 말했다. 그러더니 갑자기 호기심에 차서 말했다. "그런데 바빌로니아는 어떻게 생겼어? 난 한 번도 바빌로니아를 본 적이 없어."

다리우스는 신이 나서 이야기하기 시작했다.

"바빌로니아에는 털북숭이 얼굴을 한 날개 달린 황소들이 있어. 넌 돌로 만든 그 황소들을 보면 틀림없이 벌벌 떨며 무서워할 거야."

"아냐, 그렇지 않아. 그것들은 돌로 만들어졌다며? 그런 것들을 누가 무서워할까 봐! 그것들이 살아있대도 난 무서워하지 않을 거야. 겁쟁이 페르시아 소년이 없다는 건 너도 잘 알잖아?"

바리타가 자신 있게 말했다. 다리우스도 고개를 끄덕이며 말했다.

"맞아. 우리 페르시아 소년들은 용감하니까. 랍멕이라는 바빌로니아 아이가 있는데, 그 아이는 벨 신의 모든 황금 동상 신전을 지나갈 때마다 땅바닥에 엎드려 절을 해. 그러고 나서야 가던 길을 가지. 그런데 랍멕은 성문마다 지키고 서 있는 날개 달린 황소 석상과 뿔 달린 사자 석상을 보면 무서워 벌벌 떨어.”

다리우스가 잠시 생각에 잠겼다가 말을 이었다.

“그 석상들은 아마 벨 신의 황금 동상 같은 신상일 거야. 그 석상은 아주 아주 오랜 옛날부터 서 있었대. 그런데 그 석상들을 도대체 누가 만들었을까?

나는 오르마즈드가 세상 모든 것을 만들어서 다스렸다고 『아베스타』에서 배웠어. 그런데 오르마즈드는 모든 것을 만들었지만 오르마즈드 동상을 본 사람은 아무도 없지. 오르마즈드 동상을 아무도 만들지 못할 만큼 오르마즈드는 위대해!”

바리타가 고개를 끄덕이며 말했다.

“그럼, 당연하지.”

다리우스가 갑자기 팔짝팔짝 뛰며 바리타에게 말했다.

“바빌로니아로 돌아가는 길에 친구를 소개시켜 줄게. 자도크는 정말 재미있는 아이야. 그 아이를 보면 너도 틀림없이 좋아할 거야.”

“자도크도 너처럼 소년 병사야?”

바리타가 궁금하다는 듯 물었다.

“자도크는 히브리 아이야. 너도 히브리인에 대해 알지? 농장 근처에도 늙은 히브리인이 살잖아? 그 아이는 커다란 청동 성문 근처에 살고 있어."

"히브리 사람들이 고향으로 돌아간다는 소문이 있던데. 그 아이도 고향에 가고 싶어 하니?"

"응, 히브리인들은 그들의 도시를 재건하기 위해 고향으로 돌아갈 거야. 작년에 나는 그 사람들이 강변에 모여앉아 고향으로 돌아갈 수 없는 신세를 한탄하는 걸 본 적이 있어. 키루스 대왕께서 그 사람들에게 자유를 준 이유도 그거야.

대왕께선 다른 민족의 신도 존중하고 다른 사람을 억압해선 안 된다고 하셨어. 그래서 야훼라고 부르는 히브리인들의 신도 인정해주신 거지."

"우리 키루스 대왕님처럼 위대한 분이 또 있을까? 난 그분을 존경해."

바리타는 가슴이 벅찬 듯 숨을 길게 내쉬었다.

"하여간 우린 내일 히브리인들이 떠나는 모습을 볼 수 있을 거야. 그 사람들은 낙타를 몰고 사막을 건너는 여행을 할 거래. 우리는 도시의 성벽 위에서밖에 볼 수 없겠지만, 그래도 대단한 구경거리가 될 거야. 일단 자도크를 만나보자."

두 소년은 자도크를 만나고 싶은 마음에 질세라 쉬지 않고 달렸다. 드디어 황금빛처럼 찬란한 빛을 반사하는 거대한 청동 성문 입구에 도착했다. 거기에선 석공들이 새로운 글을 새기고 있었다.

"저것 봐, 바리타. 넌 저 글을 읽을 수 있어?"

바리타는 고개를 가로저었다. 바리타는 읽기를 배우지 못했다. 글자들은 돌에 화살촉 모양이나 쐐기 모양으로 아름답게 새겨져 있었다. 바리타에게는 그 글자들이 그저 신기한 그림처럼 보였다.

다리우스가 자도크를 발견했다.

"자도크, 자도크! 우리 사촌을 소개해 줄게. 이 아이는 바리타야."

"안녕, 바리타! 미안하지만 난 고향으로 떠날 준비를 해야 해."

자도크는 인사도 제대로 안 하고 급히 집으로 가버렸다. 다리우스는 자도크의 재미있는 이야기를 들을 수 없는 게 섭섭했다. 하지만 친구 자도크가 자유를 얻어 고향으로 간다고 생각하니 기분이 좋아졌다.

다음 날, 이른 아침부터 도시 전체가 들썩였다. 설날 축제이면서 바로 히브리인들이 떠나는 날이었기 때문이다. 다리우스가 살던 시대의 설날은 1월 1일이 아니라 3월 21일이었다. 이날은 밤보다 낮이 길어지는 춘분이었다. 그래서 설날로 삼게 된 것이었다.

다리우스와 바리타는 아침에 눈뜨자마자 유프라테스 강가로 나갔다. 강가는 새해를 맞이하려는 사람들로 발 디딜 틈 없이 북적거렸다.

강가 가장 높은 언덕에 은으로 된 제단이 세워졌다. 길고 새하얀 예복을 입은 제관들이 제단 주위에 빙 둘러서서 백단향 나뭇가지로 신성한 불을 피우기 시작했다. 제사장이 식물의 즙을 신성한 불에 뿌리자 불꽃이 파닥 피어올랐다. 제사장은 이번엔 신선한 버터를 불 속으로 던져 넣었다. 불길은 더욱 밝고 환하게 타올랐다.

페르시아 사람들은 모두 나라의 안녕과 축복을 비는 기도를 하기 시작했다. 다리우스와 바리타도 나라를 위해 기도했다. 자신을 위해서 기도하는 사람은 단 한 사람도 없었다. 페르시아인들은 모두 함께 축복을 받아야 자신들도 축복을 받을 수 있다고 여겼기 때문이었다.

힌두쿠시 산맥에서 카블로 가족이 작은 제단에 신성한 불을 피우고 기도한 까닭도 같은 것이었다. 힌두쿠시 산맥으로부터 멀리 떨어진 곳에서 페르시아인들은 제사를 지내고 있었지만 이 제사는 힌두쿠시 산맥에서 유래한 것이었다.

페르시아인들이 받드는 황금빛별 조로아스터는 '오르마즈드는 순수와 빛의 신이시니, 그의 신전은 땅과 하늘이므로 그를 위한 신상도 교회도 만들지 말라'고 가르쳤다. 그래서 신전도 신상도 없이 언덕에서 불을 피우며 신에게 제사를 지내고 있는 것이다.

제사가 끝나자 땅에 엎드려 있던 사람들이 모두 일어서서 불빛을 우러러보며 신을 찬양하는 노래를 불렀다.

"순수와 영광의 불길은 순수하고 올곧은 마음을 가진 사람들을 위하여 영원히 타오르리라."

그때 자줏빛 예복을 입고 황금색 신발을 신은 키루스 대왕이 커다란 부채와 양산을 받쳐들은 시녀들을 대동하고 마차에 올라탔다. 아름다운 검은 말들이 끄는 화려한 마차였다.

그날은 성벽 밖에 마차들이 대기했고 성벽 위에도 두 대의 마차가 나란히 서있었다. 성벽은 마차가 다닐 정도로 넓었다. 다리우스는 인파를 헤치고 가까스로 거대한 행렬이 출발하는 광경을 구경했다.

말이나 노새와 낙타를 탄 히브리 남자들, 그리고 여자들과 어린아이들, 악사들과 가수들은 키루스 대왕을 존경하는 마음으로 히브리 신전에서 가져온 금잔과 은잔을 높이 쳐들었다. 히브리인들은 성벽 아래 청동 성문을 빠져나가 행진하기 시작했다. 청동 성문에는 독수리가 그려진 페르시아 깃발이 휘날리고 있었다. 행렬이 키루스 대왕의 마차 옆을 지날 때였다.

"대왕님 만세!"

"대왕님 만세!"

히브리인들은 목청껏 만세를 부르며 기쁨에 젖었다.

"자도크! 자도크!"

다리우스는 긴 행렬 속에서 친구를 발견하고는 이름을 불렀다.

자도크가 다리우스를 쳐다보았다. 작은 얼굴엔 흥분과 기쁨이 가득 차 있었다. 자도크는 다리우스를 향해 힘껏 손을 흔들었다. 그리곤 다시 행진하기 시작했다.

그때 둥둥 북소리가 울렸다. 소년들이 훈련해야 할 시간을 알리는 소리였다. 성벽 위에서 행렬을 구경하던 소년들은 성벽에서 뛰어내려 성문 밖 운동장으로 달려 나갔다. 행렬을 더 보고 싶어도 북소리의 명령을 들어야 했다. 페르시아인들은 누구나 진실, 용기, 복종을 가장 중요한 덕목으로 생각했기 때문에 소년들도 명령에 즉각 복종했던 것이다.

다리우스는 다시 말을 타고 활 쏘는 연습도 하고, 먼 곳으로 사냥을 나가기도 할 것이다. 가끔은 자도크를 그리워하며 소금 바다 이야기를 친구들에게 해줄 것이다.

페르시아를 알기 위해 꼭 알아야 할 역사 상식

키루스 대왕

키루스 대왕은 바빌로니아를 정복하고 페르시아를 건설한 왕이다. 역사가 헤로도토스는 키루스가 메디아 왕 아스티아게스의 딸 만다네와 결혼하여 얻은 아들이라고 기록하고 있다. 키루스는 서남아시아, 중앙아시아의 대부분을 정복하고 인도는 물론 신바빌로니아, 리디아 제국까지 정복해서 대제국을 건설했다. 하지만 정복한 나라를 힘으로 다스리지 않고 관용과 자비로 다스렸다. 그래서 그는 이란인들에게 '가장 자랑스러운 건국의 아버지'로 불리고 있다.

키루스 대왕은 세계 최초로 인권 선언을 한 왕이기도 하다. 그 내용이 '사이러스 실린더'란 원통형 토기에 적혀있다. 키루스 대왕은 정복한 나라의 문화와 종교를 존중하고 다른 사람에 대한 억압과 차별을 금지하는 내용 등을 전 페르시아 제국에 공표했다.

키루스 대왕은 바빌로니아에 강제 이주된 유대인들이 고향인 예루살렘으로 돌아갈 수 있도록 허락했을 뿐만 아니라 예루살렘의 성이 재건되도록 재정적인 지원도 해주었다. 그래서 유대인들은 키루스 대왕을 구약성서에 나오는 '고레스 왕'이라 여기며 키루스 대왕이 여호와의 부름을 받고 유대인을 해방시켰다고 여겼다.

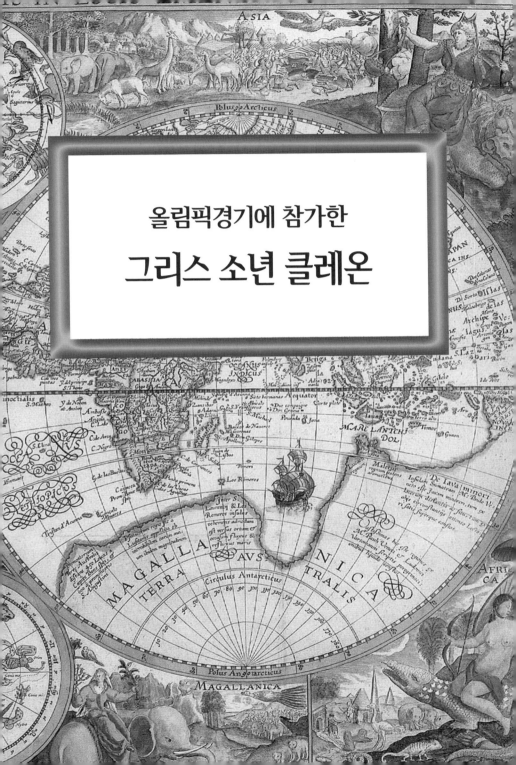

올림픽경기에 참가한

그리스 소년 클레온

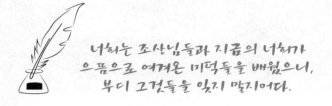

너희는 조상님들과 지금의 너희가
으뜸으로 여겨온 미덕들을 배웠으니,
부디 그것들을 잊지 말지어다.

이 만으로 들어가는 입구의 남쪽에 엘리스라는 그리스의 도
시국가가 있었다. 엘리스는 이제 막 7월로 접어들었다. 엘리스
들판에는 가축들이 무리지어 한가로이 풀을 뜯고 있었다. 밭에
서는 곡식들이 바람 따라 파도치고 과수원의 포도들은 뜨거운
햇볕을 받아 검게 익어가고 있었다.

사방이 거의 산으로 둘러싸인 엘리스 계곡을 따라서 강이 흐
르고 있었다. 바로 알페우스강이었다. 강변에는 푸른 숲이 우거
져 있고 강 옆 들판에는 갖가지 꽃과 풀이 그윽한 향기를 풍기
고 있었다.

이 계곡엔 먼 옛날에 세워진 신전이 있었고, 신전 앞에는 승
리의 황금 신상이 황금 방패를 손에 들고 신전을 지키고 있었
다. 신전 안으로는 거대한 기둥들이 늘어서 있었다. 그 끝에는
커다란 권좌가 자리하고 있었는데, 그 권좌는 귀한 삼목과 흑단

과 보석으로 화려하게 치장해서 정말 아름다웠다. 하지만 권좌에 앉아있는 거대한 신상은 권좌의 화려함을 잊을 정도로 장엄했다. 권좌에 앉은 신은 바로 '모든 신과 인간의 아버지'인 제우스였다.

그리스인들은 이렇게 생각했다.

'올림피아에 있는 제우스를 보지 못한 사람은 참으로 불행한 사람이다.'

고대 그리스의 위대한 조각가 피디아스는 이 신상을 만들 때, 세상에서 가장 아름답고 장엄한 신상을 만들려고 온갖 정성을 기울였다. 그는 신상을 만들면서 늘 이렇게 중얼거렸다.

"이것은 모든 신의 아버지인 위대한 제우스께 영광을 바치는 것이므로 제우스께서 나의 작품을 가상히 여기신다면 흐뭇하게 봐주시리라."

피디아스는 제우스 신상의 머리와 가슴, 팔과 다리를 상아로 만들었다. 머리카락과 수염은 황금으로, 두 눈은 보석으로 만들었다. 옷은 황금으로 만들었는데, 보석으로 된 꽃으로 장식했다. 제우스 신상의 두 팔 가운데 앞으로 뻗은 팔의 손바닥에는 황금으로 만들어진 날개 달린 승리의 여신상이 서있었다. 다른 손에는 제왕의 홀을 들고 있었다.

제우스 신상의 높이는 무려 12미터나 되었다. 권좌에 앉아있는 그 신상은 가까이하기 어려울 만큼 장엄해 보였지만 엄숙하거나 화난 모습은 아니었다.

엘리스 사람들은 적의 침입이나 약탈 같은 것은 상상조차 해 보지 않았다. 왜냐하면 자신들이 신들의 나라에 살고 있기 때문에 어떤 시련도 닥치지 않을 거라고 믿었기 때문이었다. 이렇게 웅대한 제우스 신상이 있는 도시국가 엘리스, 이곳에서 성대한 올림픽 경기가 열릴 예정이었다.

뜨거운 햇볕이 대지를 이글이글 태우는 한여름, 그리스 남쪽에 있는 도시국가 스파르타의 젊은이들이 올림픽 경기에 참가하려고 엘리스로 향하고 있었다. 그들은 끝이 없는 흙길을 맨발로 재빠르게 행군했다. 제때 도착하기 위해 늘 같은 속도로 행군했는데, 그 행군 대열에는 네 명의 소년도 끼어 있었다. 젊은이들은 어린 소년들을 위해 잠시도 행군을 멈추거나 쉬지 않았다. 오히려 가끔 어린 소년들을 놀리기도 했다.

"어이! 조무래기들, 힘들면 그만 돌아가지. 너희 같은 어린애들은 걷다가 쓰러지고 말 걸. 우리처럼 강인한 사람만이 올림픽 경기에서 승리할 수 있다고."

"저희가 어리다고 깔보지 마세요. 우리도 승리할 수 있어요."

소년 아리스토데무스가 외쳤다. 친구들도 따라 외쳤다.

"우리는 승리할 수 있어요!"

아리스토데무스와 친구들은 스파르타를 떠나면서 굳게 약속했다.

"어떤 일이 있어도 포기하지 말자. 우리는 스파르타 최고의 달리기 선수야. 꼭 승리해서 고향으로 돌아가야 해."

소년들이 고향을 떠난 게 작년이었기 때문에 바랑에 넣어온 검은 빵은 이미 없어진 지 오래였다. 소년들은 나무 열매를 따거나 곡식을 훔쳐서 겨우 주린 배를 채웠다. 잠은 들판이나 강변에서 서로 부둥켜안고 잤다. 몹시 추웠던 지난겨울에는 들판의 엉겅퀴를 덮고 자기도 했다.

스파르타만이 아니라 코린트와 테베 같은 도시국가의 젊은이들도 엘리스 계곡을 향해 길을 떠났다. 각지의 섬에서도 가장 용감하고 우수한 젊은 선수들을 선발하여 보내왔다. 먼 곳의 여러 식민지에서도 올림픽 경기에 참가할 선수와 구경꾼들이 배를 타고 엘리스로 출발했다.

소년 클레온도 아테네에서 선수들, 구경꾼들과 함께 엘리스로 출발했다. 클레온은 달리기 선수였다. 클레온이 달리기 훈련을 시작한 지는 1년밖에 되지 않았다. 달리기 연습을 시작할 때 클레온 아버지는 클레온에게 이렇게 조언했다.

"아테네의 모든 소년이 반드시 달리기 선수가 될 필요는 없겠지. 하지만 전쟁이 수시로 벌어지는 그리스인들에게 전쟁에 참가하는 것은 중요한 임무고, 그리스 전사는 전장을 누벼야 하기 때문에 달리기를 잘해야 한단다. 그러니 달리기 연습을 게을리하지 말도록 해라."

"예, 아버지 열심히 할게요. 달리기 선수가 되어 올림픽에 꼭 참가하고 말 거예요."

클레온은 눈을 빛내며 말했다. 그리고 피나는 연습을 한 덕분에 일 년만에 올림픽에 참가하게 되었다.

가정교사인 디오게네스가 네 소년의 보호자로서 소년들을 인솔했다. 디오게네스는 그동안 친구 세 명과 클레온을 성실히 훈련시켰다. 길을 떠나기 전, 클레온의 아버지는 소년들에게 이렇게 주의를 주었다.

"아테네는 하나의 국가이고 또 공화국이란다. 그리고 순종은 공화국 시민의 중요한 덕목이지. 그러니까 훌륭한 시민이 되고 싶다면 선생님인 디오게네스의 말을 잘 들어야 한다."

"예!"

소년들은 씩씩하게 대답했다. 실제로 소년들은 모두 디오게네스의 말을 잘 따랐다. 디오게네스는 주위에서 누구나 인정하는 훌륭한 가정교사였다.

언젠가 클레온의 작은아버지가 노예를 어떻게 하면 잘 고르는지 아버지한테 상의한 적이 있었다.

"형님, 우리 아이도 곧 6살이 돼요. 가정교사를 가질 때가 되었지요. 하지만 지식 있는 노예를 어떻게 골라야 하는지 모르겠어요."

"그리스 소년이라면 당연히 가정교사가 있어야 하지. 노예들은 아테네가 전쟁을 벌여 다른 나라에서 잡아온 포로들이야. 개 중에는 부엌일 정도밖에 할 줄 모르는 노예도 있지. 이런 노예 들은 은화 1미나면 살 수 있어. 그건 너도 잘 알 게다.

하지만 어린이나 어른까지도 가르칠 수 있는 노예는 1,000드 라크마는 주어야 한단다. 지식이 풍부한 노예를 알아보는 방법 은 간단해. 노예한테 어려운 질문을 던져보아야 한다. 대답을 들 어보면 금방 알 수 있지. 우리 디오게네스를 보렴. 지식도 풍부 하고 당차서 가정교사 역할을 잘해내고 있잖니?"

"예, 형님. 우리 아들에게도 디오게네스처럼 똑똑한 선생님을 구해주어야겠어요."

디오게네스는 클레온이 여섯 살이 되어 어머니와 유모의 보 살핌이 필요 없어지자 아버지가 데려 왔다. 디오게네스는 다른 여느 가정교사들처럼 클레온을 학교나 놀이터에 데려다 주었 다. 나쁜 버릇에 물들지 않도록 가르쳤고 문학과 예술을 가르쳐 주었다.

하지만 클레온은 빨리 자라서 가정교사의 돌봄을 벗어나고 싶었다. 형을 보면 그런 생각이 부쩍 들었다.

'형처럼 친구들과 기숙사 생활을 하면 얼마나 재미있을까? 또 무예를 훈련하는 훈련장에서 달리기도 하고 레슬링도 하 면 정말 재미있을 거야. 멀리뛰기랑 창던지기도 재미있을 텐 데……'

하지만 클레온은 아직 가정교사의 돌봄을 받아야 하는 어린 아이일 따름이었다. 클레온은 해가 뜨면 디오게네스를 따라 학교에 갔고, 해가 지면 디오게네스를 따라 집으로 돌아왔다.

어느 날, 클레온이 여느 때보다 학교에 일찍 도착했다.

"글라우콘 형, 리시아스 누나, 안녕?"

"응, 안녕."

"안녕."

글라우콘과 리시아스는 클레온을 쳐다보지도 않고 인사했다. 클레온보다 두세 살 더 많은 글라우콘은 커다란 걸레로 교실의 의자를 부지런히 닦고 있었다. 리시아스는 양피지에 글을 쓸 때 사용할 먹을 갈고, 서판들을 밀랍으로 반들반들하게 문지르고 있었다. 글라우콘과 리시아스는 가난해서 수업료를 낼 수 없었다. 그래서 수업료 대신 학교일을 해주고 수업을 받았다.

클레온은 아직 어려서 초급반에서 글자를 배우면서 시를 외워야 했다. 클레온은 형과 누나들을 부러운 눈으로 쳐다보았다.

'빨리 내년이 왔으면 좋겠다. 내년엔 스틸루스 철필로 작은 서판에 글씨를 쓸 수 있겠지? 스틸루스는 상아로 만들어서 정말 멋있어. 게다가 깃털이 달려 있어서 글씨를 쓸 때마다 깃털이 날아다니는 것 같아. 쇠로 된 촉으로 글씨를 쓰다보면 촉이 조금씩 닳을 거고, 그러면 밀랍이 칠해진 매끄러운 서판에서도 부드럽게 글씨를 쓸 수 있을 거야.'

클레온이 공상에 잠겨있을 때 아티쿠스가 교실로 들어왔다.

"아티쿠스, 안녕? 난 빨리 글씨를 쓰고 싶어. 너도 그러니?"

"하하, 난 글을 다 읽고 쓸 수도 있어!"

"거짓말하지 마! 넌 아직 읽지도 못하잖아."

"아냐! 난 정말 읽고 쓸 수 있다고!"

아티쿠스가 클레온을 노려보며 말했다.

"거짓말하는 건 나빠."

클레온도 지지 않고 말했다. 아티쿠스의 얼굴이 붉으락푸르락해졌다. 그러더니 자기 자리로 가서 '쿵' 소리를 내며 앉았다. 그리고 며칠 후 아티쿠스는 자퇴를 했다. 클레온은 아티쿠스가 학교를 그만둔 게 자신의 탓인 것만 같았다. '그냥 아무 말도 하지 말 걸.' 하고 후회했다. 클레온은 얼마 후 아티쿠스 집을 찾아갔다.

"아티쿠스, 안녕? 학교에서 있었던 일은 미안해."

아티쿠스가 지난 일은 다 잊었다는 듯 싱글싱글 웃으며 말했다.

"흐흐, 나도 거짓말 한 거 미안해. 그런데 나 알파벳 다 익혔다. 이번엔 진짜야. 알파벳으로 단어도 만들 수 있는 걸."

"어떻게 그렇게 빨리 배웠어?"

클레온이 눈이 휘둥그레져서 물었다.

"응, 아버지가 나랑 나이가 같은 노예 소년 24명을 사들였어. 그런 다음 노예들을 알파벳 순서대로 이름을 붙였어. 알파, 베타, 감마. 이런 식으로. 그리고 아버지는 우리를 가르칠 가정교사도 고용했어. 우리는 신나게 공놀이를 했어. 이름을 부를 때 알파, 베타, 감마 이렇게 부르면서 말이야. 그러니까 알파벳이 금방 익혀졌어."

"하하, 놀면서 공부했구나."

"그래. 난 놀면서 공부해야 공부가 잘 돼."

아티쿠스와 클레온이 마주 보며 웃었다.

노예 이름을 '알파, 베타, 감마'로 부른 것은 그 시대 그리스에서 알파벳을 '에이, 비, 씨'로 발음하지 않고 '알파, 베타, 감마'로 발음했기 때문이었다.

"우리 바닷가에 놀러가자."

"그래, 가자. 달리기 경주하는 거다. 시작!"

클레온과 아티쿠스는 뒤질세라 힘껏 달렸다. 한참 후, 둘은 바닷가에 도착했다. 지중해의 푸른 물결이 찰랑거리며 은빛으로 반짝이고 있었다. 마치 바다는 푸른 옷감을 은실로 꿰맨 듯 보였다.

클레온과 아티쿠스는 모래에서 평평한 조개껍질을 찾아 물수제비를 떴다.

"난 세 번밖에 못 떴어."

"난 여섯 번."

한참 물수제비뜨기를 하고 나자 이번엔 목마 넘기를 했다. 목마 넘기는 몇 년 전에 페르시아에서 전해진 놀이였다. 목마 넘기를 실컷 한 후엔 공놀이를 했다.

클레온이 공을 갖고 놀기 한두 해 전에는 굴렁쇠를 가지고 놀았다. 굴렁쇠는 생일 선물로 받은 것이었는데, 근사한 방울들이 달려 있었다. 하지만 이젠 굴렁쇠를 가지고 놀 나이가 지났기 때문에 굴렁쇠는 창고에 보관해두었다.

클레온이 어린 시절에 항상 놀기만 한 것은 아니었다. 어린 클레온에게도 숙제가 주어졌는데, 그것은 바로 '사다리 타고 침대 오르기'였다. 아테네의 아이들은 다섯 살이 되면 '사다리 타고 침대 오르기'에 도전해야 했다. 하지만 '사다리 타고 침대 오르기'는 쉽지 않았다. 어린 클레온은 며칠째 침대 오르기에 계속 실패했다.

"오늘은 어떤 일이 있어도 꼭 침대 위에 오르고 말 테야."

클레온은 어머니 침대로 갔다. 어린 클레온에게 침대는 거대한 산과 같았다. 클레온은 다리 한 짝을 겨우 침대에 걸쳤다. 얼굴은 빨개지고 온몸은 땀으로 흠뻑 젖었다. 클레온은 한참을 더 낑낑대고 나서야 침대 위로 겨우 올라갈 수 있었다.

"어머니! 나 침대에 올라왔어요!"

클레온은 어머니 침대 위에서 팔짝팔짝 뛰며 외쳤다.

"오, 우리 클레온, 장하다. 이제 다 컸네."

어머니가 달려와 클레온을 꼭 안아주었다.

다음 날, 유모는 한 팔과 가슴을 감싸는 작은 예복을 입혀주었다. 그리곤 대리석 기둥이 줄지어 서 있는 공회당으로 데려갔다. 클레온이 공회당에 온 것은 처음이 아니었다. 클레온은 더 어렸을 때, 공회당에서 웅변가의 연설을 들은 적이 있었다. 아테네 사람들은 공회당에 모여서 현인으로 존경받는 웅변가의 연설을 듣곤 했다.

"도련님, 오늘은 도련님이 연설을 하는 날이에요. '사다리 타고 침대 오르기'에 성공한 소년들은 다 연설을 하지요. 어제 연습을 했을 때도 도련님은 정말 잘하셨어요. 오늘은 특별히 더 잘하실 거예요."

유모가 클레온에게 기운을 북돋아 주었다. 공회당 안에는 이미 많은 사람들이 모여 있었다. 사람들 앞에 서자 클레온은 조금 떨렸지만 당당하게 가슴을 폈다. 그리고 연설하기 시작했다.

"아테네 시민 여러분! 저는 클레온입니다. 저는 어리지만 하고 싶은 말이 많습니다. 여러분……."

어린 클레온의 말에 사람들이 조용히 귀를 기울였다.

"어쩜 아이가 저렇게 연설을 잘할까? 분명 저 아이는 훌륭한 웅변가가 될 거야."

"아니요, 말하는 걸 들어봐요. 저 아이는 틀림없이 시인들의 작품을 공부하는 사람이 될 거요."

클레온을 칭찬하는 소리가 사방에서 들려왔다. 그 순간 클레온은 나중에 커서 꼭 웅변가나 시인이 되기로 결심했다.

클레온은 어린 시절부터 시인들의 작품을 공부하는 게 좋았다. 클레온은 학교에 와서 글씨를 배우기 전부터 이미 호메로스의 장대한 영웅서사시들을 공부했다. 시를 공부하면 시간은 금방 흘러갔다.

학교에서도 서사시를 공부했다. 선생님은 책도 없이 서사시를 읊었고, 클레온은 선 채로 머리는 곧추세우고 두 팔을 내린 자세로 들었다. 선생님이 서사시를 다 읊고 나면 곧 클레온이 따라 읊었다. 책으로 공부하면 좋겠지만 책은 양피지나 파피루스에 직접 손으로 써서 만들었기 때문에 엄청 귀했다. 그래서 당연히 선생님에게도 클레온에게도 책은 없었다.

클레온은 트로이 전쟁이 터지기 전에 네스토르라는 현인이 그리스인들에게 했던 연설을 배웠다.

클레온은 그리스 함대를 이끈 영웅 아이아스의 용기를 북돋우는 연설도 배웠다.

오, 친애하는 전사들이여! 오, 위대한 영웅들이여! 그 이름 영원히 빛날
마르스의 아들들이자 전쟁의 벼락들이여!
그대들의 위대한 선조들이 누리고 그대들도 누리고 있는
오래된 명예와 미덕을 기억하라.
우리의 승부는 바로 이곳에서 판가름 날 것이다.

저곳에 트로이 군대가 있고 이곳은 적진 한가운데임을 명심하라.

그리고 이런 연설도 배웠다.

장군들을 경쟁하게 만든 것은 증오심이 아니라 명예심이었으니
장군들이 저마다 싸운 용감한 적들도 장군들의 영혼의 친구였도다.

클레온은 아이아스의 연설을 들을 때마다 가슴이 뛰었다. 그
럴 때는 시인이 되기보다는 용감한 장군이 되고 싶었다. 클레온
은 아직 꿈이 많은 소년이었다.

읽기와 쓰기와 셈하기를 할 수 있게 된 클레온은 그 다음엔
음악을 배웠다. 솔론은 모든 아테네인이 읽기와 수영만 배우면
된다고 법률로 정했다. 하지만 아테네인들은 노래를 배우고 류
트나 시타라 연주법을 배웠다. 음악 선생님은 음악의 중요성을
강조하곤 했다.

"전쟁터에 나가는 사람들은 신들을 찬양하고 단결하기 위해
신성한 승리의 찬가를 부를 줄 알아야 한단다. 그리고 평화로울
때는 친구들과 함께 신나게 악기를 연주하고 노래를 부르며 놀
줄도 알아야 하지."

그렇게 클레온은 공부도 하고 음악도 배우고 달리기도 하면
서 몸과 정신이 건강하게 자라났다. 그리고 드디어 달리기 선수

가 되어 다른 선수들, 관람객들과 함께 올림피아로 가게 된 것이다.

클레온과 친구들은 리넨으로 만든 소매 없는 옷을 입었고 샌들을 신었다. 아주 긴 여행이었다. 모자도 없이 뜨거운 햇살을 받으며 몇 킬로미터를 맨발로 걸어야 할 때도 있었다.

"그동안 받은 훈련은 참 힘들었는데……. '햇볕 아래 오랫동안 서 있기', '엄청 추운 날 발가벗고 서 있기' 같은 훈련 말이에요. 그런 훈련을 받아서 그런지 이 정도쯤은 아무렇지도 않아요."

클레온이 그새 친해진 테티스 형에게 자랑스럽게 말했다.

"우리 꼬맹이, 열심히 훈련했구나. 달리기에서 1등 해서 월계관을 쓰겠는 걸."

레슬링 경기에 참가하러 가는 테티스가 클레온이 기특하다는 듯 머리를 쓰다듬어주며 말했다.

일행 중에는 말을 타고 가는 사람도 있었다. 이름은 에우테키온이었는데, 그는 흰색 바탕에 보라색 테두리가 있고 네 개의 장식용 술이 달린 옷을 입고 있었다. 그 옷은 직사각형 모양의 옷감을 오른쪽 어깨 위로 감아 고정시켜서 두 팔을 밖으로 나오게 만든 단순한 옷이었다. 이런 소박한 옷은 그리스 사람들의 전통 의복이었다.

"이번이 몇 번째 올림피아인지는 알고 있니?"

에우테키온이 말 위에서 거드름을 피우며 물었다.

"77번째 올림피아드요!"

소년들이 힘차게 대답했다.

소년들의 말처럼 그해는 77번째 올림피아드였다. 그리스는 올림피아드를 기준으로 날짜를 계산했다. 올림피아드란 말은 4년을 가리키는 말이었다. 즉, 한 올림픽 경기가 끝나고 다음 올림픽 경기가 열릴 때까지의 시간이 1올림피아드였다.

클레온에게 언제부터 학교에 다니기 시작했느냐고 물으면 이렇게 대답했다.

"77번째 올림피아드의 3년째부터요."

이런 식으로 계산하면 사람의 나이도 알 수 있었다.

클레온은 마치 긴 소풍을 가는 기분이었다. 밤에는 동굴에서 야영을 했고 낮이면 맑은 시냇물에서 목욕을 했다. 야생 무화과와 올리브 열매와 아몬드를 따먹기도 했다.

때로는 농가에서 보리빵과 꿀을 얻어먹기도 했다. 어떤 농부는 화덕 위에서 펄펄 끓는 고깃국을 무화과나무 국자로 퍼서 깨끗한 접시에 담아 주었다. 가는 도중에 먹으라고 맛있는 음식을 싸주기도 했다.

들녘의 풍경은 무척 아름다웠다. 두 마리 암소가 뱀처럼 목덜미를 휘감는 단풍나무 멍에를 지고 쟁기를 끌고 있었다. 그러면 젊은이들은 행복한 표정으로 소를 몰며 노래를 불렀다.

고생하는 소는 신들과 인간들의 사랑을 받으리.

부지런히 일하자. 굶주림은 게으름의 친구니까.

처음 보는 시골 사람들과 풍경에서 클레온은 따뜻함과 평화로움을 느꼈다.

엘리스 계곡이 차츰 가까워지자 클레온 일행은 그곳으로 가는 사람들과 합류했다. 어떤 사람들은 산악지대에서 내려오는 중이었다. 그보다 훨씬 더 깊은 산에 있는 오지마을에서 오는 할아버지도 있었다. 클레온은 궁금증을 이기지 못하고 할아버지에게 물었다.

"혼자 먼 길을 여행해도 무섭지 않으세요?"

할아버지가 주름진 얼굴에 미소를 지으며 대답했다.

"아니, 전혀 그렇지 않단다. 나는 월계수 지팡이를 가지고 있거든. 자, 봐라!"

클레온 일행은 존경의 눈길로 지팡이를 바라보았다. 그리스인들은 모두 월계수는 신성한 나무여서 나쁜 일을 막아준다고 믿었다.

어느덧 클레온 일행은 계곡으로 들어섰다. 클레온은 황금으로 만들어진 승리의 여신상을 보았다. 또 끝없이 밀려드는 수많은 사람들까지. 모든 것이 새롭고 신기하기만 했다.

이튿날 아침은 여느 날 아침보다 햇빛이 찬란하게 빛났다. 햇살은 황금 신상과 방패를 눈부시게 비추었다. 경기장의 가장자리에 있는 올림픽 승리자들의 거대한 동상도 햇빛을 받아 번쩍였다.

달리기 경주에 나선 소년들이 운동장 한쪽에 모였다. 클레온은 경주에 참가한 다른 소년들을 자세히 살펴보았다.

'모두 만만치 않아 보여. 저 아이는 머리칼은 헝클어지고 얼굴은 새까맣게 그을렸네. 거친 흙길을 달려와서 그렇겠지. 밤에도 낮처럼 달려왔을 테고. 그래도 난 저 아이보다 잘할 수 있어.'

그러다 클레온은 한 소년을 유심히 바라보았다. 소년은 아테네 소년들 곁에 무덤덤한 표정으로 서 있었다. 얼굴은 아침에 세수했는지 말끔했지만 소년이 입은 옷은 일 년 내내 입은 듯 더럽고 여기저기 해져 있었다. 하지만 다리는 튼튼해 보였고 얼굴엔 굳은 의지가 담겨 있었다. 클레온은 바로 그 스파르타 소년 때문에 경주가 두려워지기 시작했다. 어쩌면 경주에서 질 수도 있다는 생각이 처음으로 들었다.

경기 전에 빛의 아버지 제우스 신을 모시는 제사가 시작되었다. 제물로 참나무 잎으로 만든 관을 쓴 황소 10마리가 끌려왔다. 황소들은 제단으로 옮겨져 도살되었다. 제관이 기도문을 낭송하자 황소 주위로 불길이 솟아올랐다. 그곳에 있던 모든 사람이 신성한 기도문을 낭송하기 시작했다.

"우리를 다스리는 위대한 신 제우스여, 저희가 당신께 원하든

원치 않든 선한 것은 모두 저희에게 주시고, 사악한 모든 것은 심지어 저희가 원하더라도 저희로부터 거두어 가소서."

제사가 끝나자 드디어 경기가 시작되었다. 첫 경기는 소년들의 달리기 경주였다. 소년들을 인솔한 가정교사들은 소년의 인적 사항이 적힌 명단을 심판관들에게 미리 제출했다. 왜냐하면 부모가 순수한 그리스인이 아니거나 부모가 범죄를 저지른 경우에는 경기에 참가할 수 없기 때문이었다.

소년들은 은 단지에서 달릴 순서가 적힌 제비를 뽑았다. 1번부터 4번을 뽑은 소년 네 명이 앞줄에서 달릴 준비를 했다.

소년들이 모두 출발선에 섰다. 그리고 어깨 부분만 단추로 고정된 옷을 순식간에 벗어던졌다. 선수들 모두 알몸이 되었지만 아무도 부끄러워하지 않았다. 올림픽에서 알몸으로 경기하는 것은 하나의 전통이었다. 그래서 그리스 전통 옷은 움직이기 쉽고 간단히 벗을 수 있게 만들어졌다.

출발신호가 떨어지자 소년들은 땅을 박차고 쏜살같이 내달렸다.

첫 번째 경주에서는 클레온의 친구인 카리클레스가 1등을 했다. 스토데무스는 세 번째 경주에서 1등을 했고 클레온은 네 번째 경주에서 1등을 했다.

각 조별로 1등을 한 소년들이 결선을 치르기 위해 출발선에 다시 모였다. 마침내 출발 신호가 떨어지자 클레온은 땅을 박차고 쏜살같이 내달렸다. 스파르타 소년 아리스토데무스도 클레온 바로 옆에서 바람을 가르며 달렸다. 두 소년이 다른 소년들보다 앞서 나가기 시작했다. 아테네인들은 아테나 여신 팔라스가 소년을 돌봐주기를 기도하면서 클레온을 응원했다. 스파르타인들도 아리스토데무스를 소리쳐 응원했다.

드디어 한 소년이 먼저 결승선을 통과했다. 아테네인들이 기쁨의 함성을 질렀다.

"와! 아테네 소년이 이겼다!"

클레온의 머리 위에 찬란한 올리브나뭇잎 관이 놓였다. 클레온은 자랑스럽게 사람들을 둘러보았다.

"와! 와!"

사람들이 다시 함성을 질렀다. 함성 속에서 클레온은 스파르타 소년을 보았다. 스파르타 소년은 머리카락이 잔뜩 헝클어진 채 아직도 운동장 땅바닥에 주저앉아 있었다.

클레온은 스파르타 소년에게 다가갔다. 아리스토데무스는 클레온을 본 체 만 체 했다. 클레온이 허리를 굽혀 손을 내밀었다. 잠시 망설이다 아리스토데무스가 클레온의 손을 잡았다. 클레온이 힘을 주어 아리스토데무스를 일으켜주었다. 아리스토데무스가 말했다.

"축하해. 넌 진짜 빠르구나."

"너도 정말 잘 달렸어. 너처럼 빠른 아이는 나도 처음이야."

이렇게 말하는 클레온의 마음속에 시구가 떠올랐다.

선수들의 경쟁을 이끈 것은 서로에 대한 미움이 아니라
서로의 영광이었고,
각자의 용감한 적은 곧 영혼의 친구였네.

클레온의 이름은 승리자 명단에 기록되었다. 클레온은 승리
자였기 때문에 관중석 맨 앞자리를 배정받았다. 클레온은 긴 여
름날 관중석 맨 앞자리에 서서 자기보다 나이 많은 청년들이 벌
이는 투구와 갑옷을 착용한 달리기경주, 멀리뛰기, 레슬링, 창던
지기, 그리고 대규모 전차경주까지 모두 구경했다. 아테네 청년
들을 위해 응원의 함성을 질렀고, 코린트나 테베의 청년들이 원
반을 던질 때면 아테네 청년들보다 더 멀리 던질까봐 가슴을 졸
였다.

둘째 날, 레슬링 경기에 출전한 청년들은 가장 화려한 기술을
선보였다. 청년들은 온몸에 올리브기름을 바른 후 파우더를 발
랐다. 경기가 시작되자 서로 얽히고설키며 상대를 제압하는 기
술을 민첩하게 썼다. 경기장 바닥의 모래가 튀면서 그들의 알몸
은 모래범벅이 되었다.

그들 가운데 스파르타 청년과 아테네 청년이 결승전에 진출
했다. 두 사람은 상대방을 두 팔로 강하게 조이며 온갖 기술을

썼지만 쉽사리 결판이 나지 않았다. 시간이 흐르며 선수들은 점점 지쳐갔다. 관중석엔 숨소리 하나 들리지 않았다. 마치 시간이 멈춘 것 같았다.

"이얍!"

스파르타 청년이 기합을 넣으며 남은 힘을 모조리 쏟아 상대방을 바닥에 쓰러뜨렸다.

"와! 와!"

사람들이 함성을 질렀다. 하지만 쓰러진 아테네 청년 곁에 스파르타 청년도 풀썩 쓰러졌다. 사람들이 달려갔을 때 그는 이미 숨을 거두었다. 관중석에서 커다란 함성이 터져 나왔다.

"스파르타를 위해 죽은 승리자의 월계관이여!"

스파르타 관중들은 경기장이 떠나갈 듯 찬가를 불렀다. 청년의 죽음을 슬퍼하는 사람은 아무도 없었다.

"죽었는데 어떻게 승리자가 되나요?"

클레온이 깜짝 놀라 옆의 형에게 물었다.

"죽은 사람이 바로 승리자가 되는 거란다. 그게 규칙이지. 스파르타 사람들은 월계관을 스파르타로 가져갈 거야. 그리곤 청년의 무덤 위에 올려놓겠지. 청년의 이름은 승리자의 명단에 기록될 거고. 어쩌면 그의 명예를 기리는 동상이 세워질지도 모르지. 죽음도 승리 앞에선 중요하지 않단다. 목숨을 내걸고 승리를 얻은 청년은 오히려 커다란 명예를 얻게 된 거야."

"죽음보다 명예가 더 중요한 건가요?"

"아테네 꼬맹아, 그건 당연한 거란다. 네 머릿속에도 그 말을 새겨 넣어야 할 게다."

스파르타 사람들은 발 빠른 전령을 스파르타로 보내 청년의 부모에게 그 기쁜 소식을 알렸고, 남은 올림픽 경기는 계속되었다.

모든 올림픽 경기가 끝나자 사람들은 다음 올림피아드를 기약하며 각자 고향으로 돌아갔다. 그들은 어디를 가나 이런 질문을 받았다.

"그 경기의 우승자가 누구야?"

그러면 그들은 자랑스럽게 승리자의 이름을 전하고 죽은 승리자에 관한 이야기도 들려주었다.

클레온은 먼 길을 걸어 어스름한 새벽에 아테네 집에 도착했다. 클레온의 집은 도로에 연결된 막다른 골목의 중간쯤에 있었다. 그런데 평소에 닫혀있던 집 대문이 열려있었고 꽃 줄로 장식되어 있었다.

"와, 내가 없는 사이에 남동생이 태어났구나!"

클레온은 기쁨의 함성을 질렀다. 이웃인 테오그니스네 대문에는 작고 부드러운 하얀 양털뭉치들이 걸려 있었다.

"테오그니스네는 여동생이 태어났구나."

꽃 줄은 남자아이의 탄생을 알리는 표시였다. 양털뭉치는 여자아이의 탄생을 알리는 표시였다. 여자아이는 실을 잣고 베를

짜야 했기 때문에 양털뭉치를 대문에 걸어놓은 거였다.

클레온의 남동생을 돌보기로 한 유모는 스파르타 사람이었다. 스파르타 유모는 이날 아침 갓난아이를 안고 화덕 위에 있는 불의 제단 주위를 두세 바퀴 돌았다. 가족들은 모두 모여서 화덕의 여신 헤스티아에게 감사의 기도를 올렸다. 화덕의 여신 헤스티아는 가정을 지키고 돌보는 수호신이었다.

그날 밤, 소녀 노예가 울면서 화덕 쪽으로 달려갔다. 클레온은 무슨 일인가 싶어 황급히 소녀를 따라갔다. 소녀는 눈물을 뚝뚝 흘리며 화덕 앞에 무릎을 꿇었다. 소녀의 손 위에는 깨진 도자기 조각들이 어지러이 널려 있었다. 클레온이 소녀에게 다가갔다. 소녀가 훌쩍이며 말했다.

"주인마님이 아끼는 주전자를 깼어요."

"안심해도 돼. 화덕의 제단 앞에서 반성하는 사람에게는 아무도 벌을 주지 않을 거야."

클레온이 부드러운 말로 소녀를 위로했다.

"헤스티아님은 모든 걸 용서해주실까요?"

"그럼. 당연하지."

소녀는 여신 헤스티아에게 한참이나 용서를 빈 후에야 눈물을 멈추고 일하러 갔다. 그리고 당연히 클레온 어머니도 소녀를 용서해주었다.

클레온이 아주 어렸을 때, 폭풍이 사납게 몰아치던 밤의 일이었다. 그날 밤, 허름한 옷을 입은 낯선 사람이 대문을 두드리며 화덕의 보호를 부탁했다. 클레온의 아버지는 낯선 사람을 친절하게 맞이하며 말했다.

"당신이 나의 적이었더라도 화덕을 피신처로 삼으면 안전할 것이외다."

클레온은 화덕의 여신 이름으로 보호를 부탁하면 아무도 거절하면 안 된다는 걸 그때 알았다.

또 집안의 현관엔 아폴론 신의 동상이 있었다. 아폴론 신은 은으로 반짝이는 활을 들고 항상 그 자리에서 클레온의 집을 보호하고 축복해주었다. 이렇게 신들의 보호 아래서 클레온은 자라고 있었다.

남동생이 태어난 지 이틀이 지나자 이름을 짓는 날이 되었다. 아침 일찍 클레온 아버지는 요리사들을 고용하고 생선을 사기 위해 시장으로 나갔다. 아테네의 생선은 맛이 좋고 비싸기로 소문이 자자했다. 또 포도주와 과일과 화환도 사고 소녀 무용수들과 플루트 연주자들도 고용했다.

축하객들은 흰 양털실로 짠 옷을 입고 나타났다. 그 옷들은 보라색이나 주홍색 테두리가 둘러쳐진 화려한 옷이었다. 곱슬곱슬한 머리엔 메뚜기 모양의 황금 머리핀을 꽂았다. 집으로 들어오는 손님들의 손에 노예가 향수를 뿌려주었다.

노예들은 식탁에 은으로 된 접시와 잔들을 놓았다. 손님들은 구운 생선, 바구니에 담겨 나온 보리과자와 빵, 시칠리아에서 가져온 치즈, 히메투스에서 가져온 꿀을 맛있게 먹었다.

"이 무화과는 거대한 아폴론 신상이 서있는 에게해의 로도스 섬에서 가져온 것이에요. 야자열매는 바다 건너 이집트에서 왔지요. 아몬드와 멜론도 드셔 보세요."

어머니는 손님들에게 음식을 권했다. 손님들은 갖가지 과일을 먹으며 즐거워했다.

클레온은 긴 나무의자 위에 혼자 걸터앉아 있었다. 클레온은 밀가루에 달걀을 섞어 프라이팬에 얇게 구운 팬케이크와 꿀로 저녁을 먹으며 모든 광경을 유심히 바라보았다. 손님들이 하는 이야기에 귀 기울이고 조용히 음악을 들었다. 클레온은 어른 대화에 끼진 못했지만 어른 모임에 참석하는 것이 무척이나 자랑스러웠다.

클레온이 어른 모임에 참석할 수 있었던 건 올림픽에서 승리했기 때문이었다. 클레온은 가족만이 아니라 아테네 사람들의 자랑거리였다. 그래서 아버지도 클레온이 식당에 들어오도록 허락한 것이었다. 클레온은 손님들이 돌아가고 난 후, 남아있는 갖가지 과일을 실컷 먹었다.

그러던 어느 날, 아버지가 클레온에게 금귀고리를 달아주며 말했다.

"우리 아테네 사람들은 중요한 일을 결정하기 전에 델피의 신전에서 아폴론 신의 신탁을 받곤 하지. 일정한 나이가 된 소년들을 훌륭한 시민으로 키우기 위해선 남자 어른 두 명이 신탁을 받아야 한단다. 클레온, 너에 대해서도 나랑 폴리클레스가 신탁을 받았는데, 신은 이런 계시를 주셨단다.

'아들을 훌륭한 시민으로 키우고 싶은 아테네 사람이 있다면 가장 아름다운 것이라면 무엇이든 아들의 귀에 넣어줘야 하노라.'

황금은 세상에서 가장 아름다운 것들 중에 하나이기 때문에 너에게도 금귀고리를 달아주는 거란다.

그런데 지난여름에 열린 아테네 의회에서 페리클레스님께선 다르게 말씀하셨지. 신탁의 본뜻은 귀에 금귀고리를 달아주라는 것이 아니라 '보석같이 고귀한 생각을 황금같이 아름다운 말로 표현하라'는 것이라고 하셨어. 어쨌든 클레온, 다른 아테네 소년들도 마찬가지겠지만 금귀고리를 달았기 때문에 훌륭한 시민이 되어야 한다."

클레온에게 금귀고리의 의미가 소중하게 다가왔다. 클레온은 꼭 훌륭한 시민이 되어야겠다고 다짐했다.

얼마 후, 아테네 여신을 기리기 위한 축제가 열렸다. 아테네를 수호하는 아테네 여신의 동상은 아크로폴리스에 있었다. 여신상은 엄청 커서 몇 킬로미터 떨어진 바닷가에서도 여신상의 투구와 장식, 손에 들린 창끝이 황금빛을 내며 반짝이는 것을 볼 수 있었다.

지난해에는 다른 해보다 훨씬 더 성대한 축제가 열렸었다. 올림피아드의 3년째에는 아테네 여신이 더욱 신성한 신으로 숭배되기 때문이었다.

어머니가 클레온에게 말했다.

"클레온, 아테나 여신은 올리브나무를 만들었고 그 나무로 아테네에 축복을 내린단다. 그래서 아크로폴리스 광장에 그 여신이 준 신성한 올리브나무를 심고 소중히 기르는 거야. 전쟁이 터졌을 때나 평화로울 때나 아테나 여신에게 도움을 청하면 여신은 항상 우리의 말을 들어주시지.

여신은 전쟁이 터지면 전사들에겐 명예롭게 행동하는 용기를 주고, 평화로울 때는 사람들에게 실잣기와 베 짜기 같은 온갖 기술을 가르쳐주시지. 그래서 아테나 여신은 지식의 여신 혹은 지혜의 여신으로 불리는 거란다. 너도 아테나 여신을 진심으로 사랑하고 숭배해야 한단다."

클레온은 아테네 여신을 진심으로 숭배했다. 그리고 언젠가 전쟁에 나가게 되면 아테네 여신이 자신을 지켜줄 거라고 굳게 믿었다.

아테나 여신을 기리는 축제 때는 각종 행사와 경기가 열렸는데, 그중에 특히 볼만한 것은 '횃불 들고 달리기'였다. 이 경기는 횃불을 꺼뜨리지 않고 달려서 가장 먼저 결승선을 통과한 사람이 우승자가 되는 경기였다. 클레온은 아직 어려서 횃불 들고 달리기에 출전하지 못하고 형인 에우데키온이 출전했다.

드디어 선수들이 활활 타는 횃불을 들고 달리기 시작했다.

"이겨라! 에우데키온 형 이겨라!"

클레온이 목이 터져라 형을 응원했지만 다른 청년이 먼저 결승선을 통과했다.

"와! 달디온이다! 달디온, 축하해!"

사람들이 모두 달디온에게 축하의 함성을 보냈다. 그때 클레온 옆에 있던 사람이 소곤거리며 말했다.

"나는 달디온이 누군지 알고 있다네. 난 달디온의 아버지와 함께 전쟁터에 나갔었지. 달디온의 아버지는 전쟁터에서 용감하게 싸우다 명예롭게 죽었다네. 결국 달디온은 어린 시절에 고아가 되었어. 국가가 다른 아테네의 고아들처럼 달디온을 길렀지. 국가의 교육과 보살핌을 받고서 저렇게 잘 자랐네 그려."

"아, 달디온이 그런 청년이었나? 저 청년은 분명 아테네를 위해 큰일을 할 것이네."

옆에 있던 사람이 고개를 끄덕이며 말했다. 그 순간, 클레온은 달디온을 존경하게 되었다. 달디온에게는 남들이 가지지 못한 강한 힘이 있는 것 같았다.

달디온은 순식간에 유명해졌다. 그날은 달디온의 생일이라 승리 축하와 함께 생일 축하 잔치도 성대하게 열렸다. 모든 시민이 달디온의 승리와 생일을 축하해 주었다. 달디온은 완전무장한 채 극장 무대에 올랐다. 달디온이 착용한 투구와 갑옷, 무기는 용감하게 전사한 그의 아버지를 치하하며 국가가 달디온에게 하사한 선물이었다.

달디온이 창과 방패를 가지고 무용수들과 함께 전사의 춤을 추기 시작했다. 군대 음악에 맞춰 추는 춤은 당당하고 아름다웠다. 춤은 신들의 영광을 위한 춤이기도 했다.

춤이 끝나자 사람들이 모두 "달디온! 달디온!"을 외쳤다. 클레온도 형은 새까맣게 잊고 달디온을 목이 터져라 외쳤다.

그리스를 알기 위해 꼭 알아야 할 역사 상식

도시 국가

그리스는 도시국가로 이루어져 있었다. 그리스는 산과 섬이 많아 통일된 국가보다는 지역별로 도시국가의 형태를 띠게 된 것이다. 도시국가를 자유와 권리를 가진 시민 공동체라는 의미에서 폴리스라고 불렀다.

도시국가들은 정치체제가 조금씩 달랐다. 하지만 대체로 권력이 시민에게 주어졌고 시민들은 토지와 노예를 소유했다. 또 전쟁과 정치에 참여했다. 도시 안에는 그 도시의 수호신을 모신 신전이 세워진 아크로폴리스가 있었고 그 주변에는 아고라라는 광장이 있었다. 이곳은 자유와 권리를 가진 시민들이 모여 재판, 집회, 사교, 공연을 하던 광장이었다. 그런데 이와 같은 시민의 지위는 외국인과 노비에게는 허용되지 않은 특권적인 것이었기 때문에 한계가 있었다.

폴리스는 그리스 본토에 100여 개, 식민지까지 합하면 1,000여 개가 넘었다. 인구가 증가하면서 도시국가들이 다른 지역에 식민 도시를 건설해서 늘어난 것이었다.

도시국가들은 때로는 정치적, 군사적 동맹을 맺기도 했지만 동맹은 곧 깨지고 전쟁을 하기도 했다. 그리스의 도시국가들은 통일된 국가로 발전하지 못하고 BC 4세기 후반 알렉산더 대왕의 아버지인 마케도니아의 필립포스 2세에게 점령되면서 서서히 쇠락의 길을 걷게 되었다.

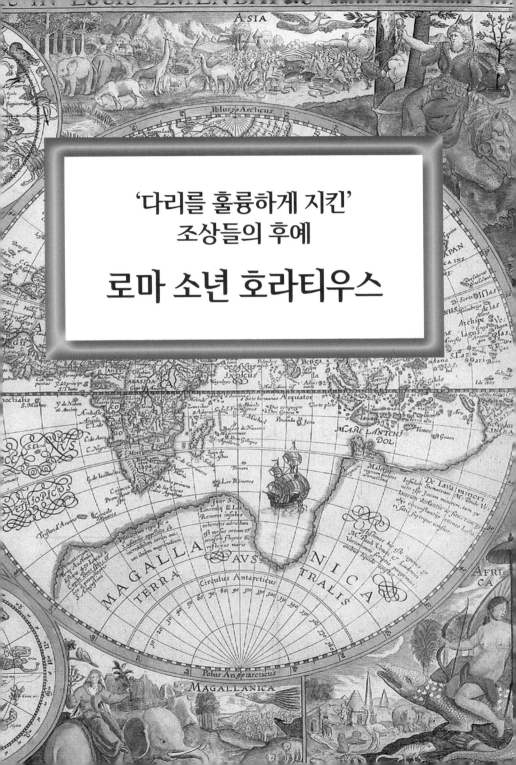

'다리를 훌륭하게 지킨'
조상들의 후예

로마 소년 호라티우스

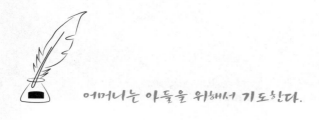

어머니는 아들을 위해서 기도한다.

우리는 세 번째 여행을 끝내고 네 번째 역인 고대 로마 역에 도착했다. 이 역은 그리스에서 멀지 않은 곳에 있다. 이 역에서도 그리스처럼 경기가 열리는 걸 볼 수 있을까? 우리는 어떤 소년을 만나게 될까? 자 소년을 만나러 가보자.

먼 바다에서 트라이림 군함이 빠른 속도로 육지를 향해 다가오고 있었다. 트라이림은 3단으로 된 노와 사각 돛을 장착한 배라 속도가 엄청 빨랐다. 이 배는 해상강국 카르타고에 대항하기 위해 로마가 카르타고의 배를 그대로 본떠 만든 배였다.

그런데 배 안에 남자들과 금발 여인, 소년과 소녀들이 쇠사슬로 묶여 있었다. 그들의 옷은 더러웠고 머리는 헝클어져 마치 흙 속을 뒹군 사람처럼 보였다. 얼굴엔 두려움과 불안함이 가득했다. 이들은 바로 로마군이 데려온 전쟁 포로들이었다.

트라이림이 드디어 항구에 도착했다.

"빨리 빨리 움직이도록!"

로마군은 성난 듯이 포로들을 포룸으로 끌고 갔다. 그리곤 포로들을 상인들에게 넘겼다. 상인들의 얼굴엔 갑자기 활기가 돌았다.

"자, 새로운 노예들이 들어왔어요!"

상인들의 외침에 사람들이 모여들었다. 주로 양털로 짠 고급스러운 옷감에 보라색 테두리의 무늬가 있는 토가를 입은 사람들이었다. 그들은 모두 행정장관과 원로원 의원들이었다. 일반 서민들은 무늬 없는 흰옷만 입어야 했고 포룸에서 물건도 살 수 없었다. 포룸에서는 아름다운 꽃병이나 그림, 동상도 팔았다. 그런 물건들은 그리스의 도시국가 코린토스에서 건너온 것이었다.

호라티우스는 아버지 곁에서 노예들을 정신없이 바라보았다. 그때 한 귀족이 외쳤다.

"저 노예는 내가 사겠소."

키가 크고 옷자락이 바닥에 끌릴 정도로 긴 토가를 입은 귀족이었다. 귀족은 혼잣말로 중얼거렸다.

"마침 잘 되었어. 필사공으로 안성맞춤이야."

귀족이 사겠다는 노예는 아테네 학생들이 사용하던 것과 같은 서판과 스필루스를 목에 걸고 있었다. 귀족은 만족한 얼굴로 포로를 데려 갔다.

"아마 저 귀족은 노예를 비서로 부리며 책을 베껴 쓰도록 할 거야. 책을 베껴 팔면 돈을 벌 수 있거든.”

아버지가 호라티우스에게 말했다.

“아버지도 필사공 노예를 사실 건가요?”

“오늘은 너를 가르칠 노예를 사려고 한단다.”

호라티우스는 아버지 말에 가슴이 설레었다. 호라티우스도
드디어 가정교사를 갖게 되는 것이었다. 호라티우스 아버지는
길게 줄지어 앉아있는 노예들을 날카로운 눈길로 쳐다보았다.
이리저리 둘러보던 아버지의 눈길이 한 곳에 멈추었다. 호라티
우스도 아버지의 눈길이 멈춘 곳을 쳐다보았다.

거기에는 그리스 소년이 쭈그린 채 앉아있었다. 얼굴은 땟국
으로 얼룩져 있었지만 영리해 보이는 소년이었다. 호라티우스
아버지가 노예 상인에게 물었다.

“저 그리스 소년은 교양을 많이 쌓은 아이요?”

“예, 저 아이는 독시우스라고 하는 아이인데요, 교양이라면
걱정하지 않으셔도 됩니다. 서판을 보시면 바로 아실 겁니다.”

노예 상인이 독시우스를 데려오자 호라티우스 아버지는 독시
우스의 목에 걸린 서판을 찬찬히 읽었다. 거기에는 독시우스의
능력과 장단점이 적혀 있었다. 호라티우스 아버지가 흡족한 표
정을 지으며 말했다.

“금화 50개를 주고 사겠소.”

“안 됩니다요. 독시우스는 금화 50개로는 절대 못 팝니다.”

아버지와 노예 상인 사이에 흥정이 벌어졌다. 그러는 사이 호라티우스는 선생님이 될지도 모를 소년을 호기심 어린 눈으로 바라보았다. 소년도 호라티우스를 똑바로 쳐다보았다. 호라티우스는 소년이 마음에 들었다. 드디어 아버지와 상인의 흥정이 끝났다.

"자, 호라티우스, 가자. 독시우스, 너도 따라 나서라."

독시우스는 아무 말 없이 아버지 뒤를 따랐다.

호라티우스네 집은 로마 팔라티누스 언덕에 있었다. 그 집은 벽은 높았지만 창문들은 좁게 내어 조금은 답답해 보였다. 대문을 열면 바로 복도인데, 바닥에는 갖가지 색깔의 대리석들이 깔려 있었다. 복도를 지나면 집 중앙에 있는 탁 트인 안뜰이 나타났다.

"독시우스, 반가워. 난 호라티우스야. 여긴 아트리움인데, 바닥을 잘 봐. 정말 근사하지? 색색의 돌을 깔아서 마치 그림처럼 보인단다."

호라티우스의 말에 독시우스는 아무 말 없이 바닥의 그림을 뚫어질 듯 보았다.

그 그림은 분수대 가장자리에 앉아있는 흰 비둘기를 그린 것이었는데 분수대 물에 비친 비둘기 머리의 그림자까지 보일 정도로 정교하게 만들어진 그림이었다. 호라티우스는 독시우스에게 자꾸 말을 걸었다.

"나중에 식당을 보여줄게. 식당 바닥은 남은 음식들을 뿌린 듯이 보이도록 장식했어. 우린 그 모습을 '청소되지 않은 상태'라고 말해. 재미있지?"

로마인들은 부를 자랑하기 위해 만찬 후에 음식을 버린 모습을 그림으로 그리기도 했다.

"호라티우스, 조용히 해라. 그리고 독시우스, 이제 내 말을 잘 들어라."

호라티우스 아버지는 아트리움에서 독시우스에게 할 일을 지시했다. 그리고 다른 노예를 불러 독시우스에게 남자 노예들의 숙소를 알려주라고 일렀다. 그동안 호라티우스는 집 안 제단 한쪽에 놓인 청동상 옆에 서서 독시우스가 가는 모습을 지켜보았다.

독시우스가 가자 호라티우스는 그 청동상을 가만히 쳐다보았다. 그 동상은 옛날에 '훌륭히 다리를 지킨' 호라티우스 동상이었다. 동상은 한쪽 무릎은 꿇고 한 손으로는 검을 높이 치켜들고 있었다. 호라티우스는 동상에서 누구와도 비교될 수 없는 용기를 느꼈다. '훌륭히 다리를 지킨 호라티우스'가 바로 자신의 조상이라는 게 한없이 자랑스러웠다. 게다가 친척들은 종종 이렇게 말했다.

"호라티우스 동상이랑 네 얼굴이 꼭 닮았구나. 역시 자손은 조상을 닮는 거지. 호라티우스가 아직은 어리지만 호라티우스 님처럼 용감한 청년으로 자랄 거야."

그런 말을 들을 때마다 기쁘기도 했지만 호라티우스는 얼른 자라서 '호라티우스'(여자는 호라티아)라는 가족의 성이 아닌, 자신만의 이름을 갖고 싶었다. 어른용 토가도 입고 싶었다. 어린 아이를 벗어나 빨리 용감한 어른이 되고 싶었다.

호라티우스는 이번엔 다른 청동상 앞으로 갔다. 그리고 무릎을 꿇고 기도를 올렸다.

'라레스 신과 페나레스 신이시여, 우리 가족을 항상 보호해 주세요. 특히 누나를 잘 지켜주세요.'

이 신상들은 호라티우스 가족을 지켜주는 신상들이었다. 라레스는 조상의 영이고, 페나레스는 사자의 영이 된 수호신이었다. 신선한 바이올렛 꽃과 로즈마리 화환으로 꾸며서 청동상에선 향기로운 냄새가 났다.

호라티우스는 이번엔 천장이 없는 아트리움 너머로 하늘을 올려다보았다. 하늘은 파란 물감을 뿌린 듯 눈부셨다. 구름 한 점 없었다.

'아, 내일이 빨리 왔으면. 내일은 새해 첫날이니까 누나는 베스타 여신의 불을 피우겠지. 그러면 멀리서나마 누나를 볼 수 있을 거야. 내일도 오늘처럼 맑아야 할 텐데.'

누나를 본다는 생각에 호라티우스는 잠자리에 누웠지만 잠이 오지 않았다. 한참을 뒤척이다가 늦잠을 자고 말았다.

"호라티우스! 새해부터 늦잠을 자면 어떡하니?"

어머니 목소리에 호라티우스는 잠에서 깼다. 당시 로마의 새해는 3월의 첫날이었다. 호라티우스는 재빨리 목욕을 하고 새 튜니카를 입었다. 그리곤 독시우스를 찾아 아버지에게 데려갔다.

"아버지, 오늘은 독시우스랑 같이 다니게 해주세요. 독시우스는 제 선생님이니까 먼저 로마에 대해서 알아야 한다고 생각해요."

"호라티우스가 독시우스를 잘 따르는구나. 좋다. 오늘은 독시우스를 데리고 다니며 로마에 대해 알려주렴. 독시우스는 도망칠 생각은 절대로 하지 말아라. 로마 군대의 무서움은 네가 더 잘 알 것이다."

"예, 알겠습니다, 주인님."

독시우스가 모든 걸 체념한 듯한 얼굴로 허리를 숙이며 말했다. 호라티우스는 신나서 독시우스를 데리고 베스타 신전으로 향했다. 호라티우스가 독시우스에게 자랑스럽게 말했다.

"우리 호라티아 누나는 내가 갓난아이였을 때 베스타 여신을 섬기는 처녀가 되었어. 그때 누나는 일곱 살이었어. 누나는 베스타 여신의 신전으로 가서 거룩한 불과 제단을 지키는 데 필요한 모든 걸 10년 동안 배웠어. 누나는 절대 불을 깨뜨려선 안 되고 남자친구를 만나서도 안 돼. 베스타 여신을 모시는 처녀 제관들은 다 그렇게 해야 해."

독시우스가 물었다.

"그럼 늙어 죽을 때까지 처녀 제관으로 살아야 하는 거예요?"

"그건 아니야. 10년 동안 배웠으니까 10년 동안은 온 힘을 다해 여신의 불과 제단을 지킬 거야. 그 후 10년 동안은 여신의 불과 제단을 지킬 어린 후계자들을 가르치게 될 거고. 그러면 그 후엔 집으로 돌아올 수 있을 거야. 물론 안 돌아올 수도 있지만 난 누나가 집으로 왔으면 좋겠어. 그런데 독시우스, 처녀 제관과 눈이 마주치면 죄수도 풀려난단다. 우리 누나와 눈이 마주쳐 죄수 한 명이 석방된 적이 있어."

"로마에서 베스타 여신을 모시는 건 굉장한 거군요."

호라티우스는 독시우스에게 누나와 죄수 이야기를 자세히 해 주었다.

호라티아가 베스타 여신을 모시기 시작한 지 얼마 안 된 때의 일이었다. 호라티아는 그날 아침 일찍 일어났다.

"새해 첫날이 되었으니 햇볕을 모아 새로운 불을 피워야 해. 신전은 죄악을 정화시키는 월계수로 장식해야 하고, 거룩한 샘물도 뿌려야 하고. 청소도 다른 날보다 더 깨끗하게 해야 해. 서둘러야겠어."

호라티아는 아침부터 할 일이 많았다. 호라티아는 우선 신전에 뿌릴 물을 뜨러 에게리아 분수대로 가기로 했다. 호라티아는 어렸지만 새하얀 옷을 입고 새하얀 베일을 써서 신성한 느낌을 주었다. 호라티아는 아무도 없는 새벽 거리를 홀로 걷다가 맞은

편에서 오는 죄수를 보았다.

죄수는 쇠사슬에 묶인 채 감옥으로 끌려가는 중이었다. 죄수는 호라티아를 발견하자 갑자기 무릎을 꿇고 간절한 눈빛으로 호라티아를 쳐다보았다. 호라티아는 안타까운 마음으로 죄수를 바라보았다. 순간, 두 사람의 눈이 마주쳤다. 죄수는 기쁨의 눈물을 흘리기 시작했다. 그 모습을 지켜보던 관원이 죄수의 쇠사슬을 풀어주며 말했다.

"베스타 여신을 모시는 제관 덕분에 산 줄 알아! 어디든 네가 가고 싶은 대로 가라!"

죄수는 호라티아 덕분에 구원을 받았다. 로마에서는 아무리 중죄를 지은 죄수라도 베스타 처녀 제관과 눈이 마주치면 곧바로 석방되었다. 로마는 엄격한 처벌을 하기도 했지만 때론 죄수에게 자비를 베풀기도 했다. 갈수록 죄를 뉘우치게 만드는 가르침이 더 소중히 여겨졌다.

호라티우스는 신전으로 가는 길가에서 처녀 제관들을 만났다. 처녀 제관들은 새하얀 옷을 입고 조용하고 엄숙하게 길을 가고 있었다. 처녀 제관들을 위해 하급관리들이 앞에서 길을 열어주었다.

"누나가 지나가고 있어. 저기 두 번째 줄이야. 누나는 화덕의 여신을 모시는 중요한 일을 하고 있어. 국가에 봉사하는 일 중에서도 최고의 일을 하고 있는 셈이야. 베스타 여신께서 누나를 잘 보살펴주시겠지?"

"여신을 모시는 사람을 신이 안 돌봐주면 누가 돌봐주겠어
요?"

독시우스가 호라티우스에게 조용히 속삭였다.

"그렇지? 독시우스, 고마워."

새해에는 수많은 축제와 행사가 곳곳에서 벌어졌다. 호라티
우스와 독시우스는 베스타 신전을 구경하고 무용수들이 청동방
패 12개를 가지고 재주를 부리거나 춤을 추는 곳으로 갔다.

"12개 방패들 가운데 한 개는 하늘에서 떨어진 거야. 그래서
그 방패는 다른 방패들보다 훨씬 신성하지. 사람들은 하늘에서
떨어진 방패와 똑같이 방패 11개를 만들었어. 너무 똑같아 하늘
에서 떨어진 진짜 방패와 만든 방패를 아무도 구별하지 못할 정
도였어. 거룩한 방패는 철통처럼 지키기 때문에 절대 도둑맞을
일이 없대. 이 방패들은 새해 첫날인 3월 1일에만 무용수들이
가지고 춤을 출 수 있어."

방패들은 햇빛에 반사되어 커다란 해들이 춤추는 것 같았다.
호라티우스가 신이 나서 춤을 추었다. 독시우스의 얼굴에 처음
으로 미소가 떠올랐다.

어느덧 해가 지고 있었다.

"아, 아쉽다. 새해가 벌써 끝나다니."

"정말 재미있는 하루였어요."

호라티우스와 독시우스는 아쉬운 마음으로 집으로 돌아왔다.

새해가 지나고 3월의 13일(혹은 14일)인 이데스가 되자 학교가 개학을 했다. 고대 로마에서는 오늘날처럼 일주일을 단위로 날짜를 세지 않았다. 그래서 일요일이나 월요일도 없었다. 새로운 달의 첫날이 되면 모든 사람이 로마의 카피톨리누스 언덕에 모였다. 그곳에서 제사장은 새 달의 날짜들이 적힌 달력을 펴들고 1일, (3, 5, 7, 10월의) 7일이나 (다른 달들의) 5일인 노네스, 그리고 원래는 15일이지만 때로는 13일이나 14일인 이데스가 언제인지를 사람들에게 알려주었다.

호라티우스는 학교에 가서 밀랍이 발린 서판에 철필로 글씨를 쓰기도 하고 산수 문제를 풀기도 했다. 12표법도 암기해야 했다. 선생님은 학생들에게 연설과 12표법의 중요성에 대해 귀에 못이 박히도록 이야기했다.

"로마의 공식 언어인 라틴어와 그리스어를 모두 배우고 두 언어로 연설하는 법도 배워야 한다. 그래야 훌륭한 연설가로 남을 수 있지.

또 12표법을 완벽하게 암기해야 한다. 12표법은 문서로 만든 최초의 법이니만큼 정말로 중요하단다. 그 법의 내용이 개인의 권리와 사유권을 보장해주는 것이란 건 다 알고 있지?"

"예!"

아이들이 큰소리로 대답했다. 12표법은 로마인에게 무척 중요한 법이어서 누구나 볼 수 있도록 12개의 청동판으로 만들어서 포럼에 걸어놓았다.

호라티우스는 법을 배우는 게 특히 재미있었다. 호라티우스는 모의재판정에서 범인의 역할도 해보고 변호인이 되어 변론도 해보았다. 선생님은 재판이 끝나면 매번 학생들에게 강조해서 말하곤 했다.

"특히 변론은 중요하단다. 변론을 위한 웅변을 할 줄 모르면 진정한 로마인으로 인정받기 어렵지. 유창한 웅변가가 되어야 관직에 등용될 수 있단다."

호라티우스는 학교에서 시인들이 지은 시나 원로원 의원들의 연설도 매일 암송했다. 로마에서는 말하기가 매우 중요했다. 그래서 호라티우스는 아주 어린 시절부터 언제나 논리정연하고 또박또박 말하도록 가르침을 받았다.

호라티우스는 문법학교에도 다녔다. 그곳에서는 위대한 작가들의 작품을 공부했다. 작가들이 쓰는 우아하고 세련된 언어를 배웠다. 그래야만 훌륭한 시민이 될 수 있었고, 훗날 로마를 통치하고 군대를 지휘할 수 있는 집정관으로 선출될 수 있었다.

호라티우스는 집정관이 되어 포럼에서 감동적인 연설을 하는 모습을 상상하곤 했다. 사람들이 모두 자신의 연설에 귀 기울이고 박수치는 모습을 상상하면 슬며시 입가에 미소가 지어졌다.

어느 날, 호라티우스는 친구들과 함께 공깃돌과 구슬을 가지고 놀기도 하고 굴렁쇠도 실컷 굴리며 놀았다. 굴렁쇠 놀이에 싫증난 호라티우스가 친구들을 불렀다.

"애들아, 모두 여기 모여 봐. 이번엔 재판 놀이를 하자."

"그래, 그래, 하자. 재미있겠다."

"마리우스가 화폐를 위조한 피고인 역할을 맡아."

"좋아. 그럼 튜니카가 있어야겠는걸."

마리우스가 재빨리 집으로 달려가 검은 튜니카를 가져왔다.

"나는 판사를 할래."

율리우스는 판사 역할을 맡았다. 발레리우스는 변호인을 맡았다. 나머지 소년들도 모두 각자 자기 이름을 밝히고 배심원 역할을 맡겠다고 나섰다.

"난 스키피오야. 배심원을 맡을게."

마리우스가 스키피오를 반대하며 나섰다.

"난 반대야. 넌 법학자 가이우스가 정한 범죄를 다루는 이 재판과 관련된 사실을 가장 늦게 알았잖아."

"그래도 스키피오는 판단력이 좋으니까 배심원이 될 자격이 있어."

호라티우스의 변론으로 스키피오는 배심원이 될 수 있었다. 호라티우스도 배심원 역할을 맡았다.

드디어 재판 놀이가 시작되었다. 먼저 발레리우스가 변론을 했다.

"이 범죄가 굉장히 중대한 것임은 아무도 부정할 수 없습니다. 그러므로 제가 변호를 맡은 피고인이 만약 이 범죄를 저질렀다면 벌을 받아 마땅합니다."

이렇게 말한 후, 발레리우스는 소년들을 죽 둘러보며 말했다.

"그런데 마리우스를 자세히 보십시오. 여러분은 과연 그가 그런 범죄를 저질렀다고 믿을 수 있겠습니까?"

발레리우스는 증인들을 호출했다.

"마리우스는 화폐를 위조할 만한 기술이 없습니다."

"마리우스는 거짓말을 모르는 정직한 사람이지요."

증인으로 호출된 소년들은 최선을 다해 피고인을 변호했다. 배심원단은 근엄한 표정을 짓고 모든 증언을 신중하게 들었다. 증언이 끝나자 방청석의 소년들이 박수를 쳤다.

이제 배심원단이 나설 차례가 되었다. 배심원들은 저마다 작은 서판을 3개씩 받아들었다. 서판 하나에는 '유죄', 다른 하나에는 '무죄', 나머지 하나에는 '유보 또는 재심'이라고 적혀있었다. 방청석 소년들은 서판 대신에 흰 조약돌(무죄), 검은 조약돌(유죄), 나뭇조각(유보 또는 재심)을 각각 받았다.

"저는 절대 죄인이 아닙니다. 그런 죄를 저지르지 않았습니다."

마리우스는 마지막으로 피고인 진술을 했다. 슬픈 표정으로 무릎까지 꿇어가며 결백을 호소했다. 하지만 소년들은 그럴수록 더욱 냉정하게 판단했다. 대부분의 소년들이 판결용 상자에 검은 조약돌을 던져 넣었다. 결국 마리우스는 그 당시 모든 로마 시민이 가장 끔찍하게 여기던 추방형을 선고받았다.

재판관 율리우스는 엄숙하게 선고했다.

"나는 그대가 로마시에 있는 물이나 불을 사용하는 것을 금지하노라!"

이 말은 곧 마리우스가 로마에서 더 이상 살지 못한다는 말이었다. 재판관의 말이 떨어지자마자 소년들은 로마 도시의 관문 밖으로 마리우스를 끌고 갔다. 하지만 소년들은 마리우스를 진짜로 추방하지 않고 함께 들판으로 가서 신나게 뛰어놀았다.

얼마 후, 소년들이 갑자기 바빠졌다. 또 다른 축제인 미네르바 축제가 가까이 다가왔기 때문이었다. 미네르바 여신은 지혜와 예술을 주관하는 신이었는데, 미네르바 신전에서 열리는 제사에는 소년만이 아니라 소녀도 참가해야 했다. 또 이때 수업료도 내고 선생님께 작은 선물도 주었다.

닷새 동안 미네르바 축제를 보내고 호라티우스는 다시 학교에 가서 공부했다. 하지만 곧 다른 축젯날이 다가왔다. 로마에서는 축제와 경기, 행사들이 자주 열렸다. 하지만 이번 축제는 특별한 축제였다. 바로 5월의 첫날에 열리는 축제였다.

"정말 굉장하지 않아? 고대 로마의 예언서 『시빌라의 책』에 적힌 대로 백 년에 한 번씩만 열리는 행사를 볼 수 있게 되다니!"

호라티우스는 잔뜩 흥분한 목소리로 외쳤다.

"맞아. 『시빌라의 책』에는 로마가 언제나 번영을 누리고 다른 민족을 정복하려면 백 년마다 한 번씩 성대한 운동 경기를 열어야 한다고 적혀 있댔어. 우린 그걸 볼 수 있는 행운아 중에 행운아야!"

율리우스도 기뻐하며 말했다.

"고대 그리스인들도 자신들이 섬기는 신들을 기쁘게 하기 위해 성대하게 운동 경기를 열었대. 우리도 운동 경기를 열어서 우리가 섬기는 신들의 왕인 주피터, 주피터 부인 주노, 태양신 아폴로, 달의 여신 디아나, 운명의 여신 포르투나를 기쁘게 하는 거지. 그런데 우리가 다시 이 축제를 볼 수 있을까?"

"그러려면 백 살도 훨씬 넘게 살아야 할 걸. 이 축제를 두 번 보는 사람은 아무도 없을 거야. 백 년에 한 번씩 오는 축제잖아? 또 다음에 오는 축젯날의 정확한 연도와 날짜도 모르잖아? 이번에도 축젯날을 모르니까 운동 경기를 주관하는 관리들이 축젯날을 알리려고 로마 전역을 돌아다니고 있대. 그런데, 혹시 모르지. 내가 112살까지 살아서 다시 축제를 볼지도. 흐흐."

율리우스의 말에 호라티우스가 근엄하게 말했다.

"꿈은 깨시는 게 좋겠습니다. 판사님."

그 말에 율리우스가 배를 잡고 웃었다.

축제 며칠 전이었다. 로마의 관리 15명이 카피톨리누스 언덕과 팔라티누스 언덕에 있는 신전에 자리를 잡고 앉았다. 그리곤 유황을 비롯해 로마를 정화시킬 수 있는 물건들을 사람들에게 나눠주었다. 왜냐하면 축젯날에 신들을 맞이하려면 로마라는 도시 전체가 순결하고 청결해야 했기 때문이다.

호라티우스는 축제 전날부터 들떠서 독시우스에게 끊임없이 축제에 대해 이야기를 했다.

"오늘은 모든 시민들이 밀과 보리와 콩을 가지고 아벤티누스 언덕의 디아나 신전으로 가서 기도를 하며 밤을 샐 거야. 그리고 진짜 축젯날이 시작되면 사흘 밤낮을 쉬지 않고 축제를 즐기지. 도시의 장벽 너머에 있는 캄푸스 마르티우스로 가면 운동 경기들을 구경할 수 있어. 나랑 같이 가자."

"내일이 빨리 왔으면 좋겠어요."

독시우스도 들뜬 목소리로 말했다.

드디어 축제 첫날이 되었다. 호라티우스와 독시우스는 캄푸스 마르티우스로 갔다. 거기엔 벌써 신들을 위한 제단이 세워졌다. 제관들은 나뭇잎으로 만든 둥근 관에 휘감긴 어린 양 세 마리를 제단 세 군데에 각각 제물로 바쳤다. 그동안 제단 앞에서는 흰색 예복을 입은 제사장이 제단에 손을 얹은 채로 엄숙히 기도할 준비를 했다.

기도가 시작된다는 신호가 떨어졌다. 순간, 캄푸스 마르티우스는 쥐죽은 듯 조용해졌다. 캄푸스 마르티우스에 제사장의 목소리가 장엄하게 울려 퍼지기 시작했다.

제사장은 맨 먼저 야누스 신에게 기도하기 시작하여 하늘과 땅 사이의 모든 신에게 차례로 기도했다. 마지막으로는 베스타 신에게 기도했다. 기도 내내 관악대가 우렁차게 연주를 했는데, 그건 기도 중 다른 불길한 소리가 들려선 안 되기 때문이었다.

기도를 마친 제사장은 보리알(혹은 소금이나 밀알)을 어린 양의 머리에 뿌렸다. 그리고 어린 양 머리에서 털을 뽑아 제단에 던졌다. 어린 양이 두려움에 발버둥 쳤다. 하지만 제사장은 꿈쩍도 하지 않고 칼로 어린 양의 머리부터 꼬리까지 줄을 긋고 난 후, 제관들에게 어린 양을 건네주었다. 제관들은 어린 양을 단숨에 죽였다. 제관들은 죽은 어린 양에서 잘라낸 특별한 부위를 모닥불 위에 놓았다.

그 부위가 불길에 휩싸여 타기 시작하자 복점관(점쟁이)들이 유심히 관찰했다. 그들의 얼굴에 미소가 떠올랐다. 그들은 불에 그슬린 무늬들을 보고 신들이 제물을 받아들였다는 것을 알았다.

"신이 제물을 받아주어서 다행이다. 이제 극장으로 가자."

호라티우스와 독시우스는 달리듯 극장으로 갔다. 커다란 극장 곳곳에는 횃불과 모닥불이 불타오르고 있었다. 극장에 모인 사람들은 신들을 위한 찬가를 불렀다. 그러고 나서 달리기, 레슬링, 창던지기, 승마를 비롯한 갖가지 운동 경기를 구경했다.

"난 레슬링이 제일 재미있어. 힘을 겨루는 경기는 흥미진진해."

"저도 그렇답니다."

두 소년은 숨죽여 레슬링 경기를 지켜보았다.

축제의 마지막 날이었다. 소년 26명과 소녀 27명은 신들을 위한 찬가를 부르러 팔라티누스 언덕에 있는 아폴로 신전으로 갔다. 호라티우스가 친구들을 둘러보며 말했다.

"우린 지난 몇 주일 동안 정말 열심히 연습했어. 한 사람도 빠짐없이 말이야. 로마인이라면 누구나 로마의 번영을 바라지. 우리 같은 학생들은 축제 때 맡은 일을 성실히 하는 게 로마의 번영을 위한 길이야."

"난 축제를 준비할 때가 제일 재미있어. 공부하는 것보다 말이야."

마리우스가 신이 나서 말했다.

"너야말로 로마 번영에 제일 앞장서는 것 같은데."

호라티우스의 말에 소년, 소녀들이 웃음을 터뜨렸다. 이처럼 축제를 통해 로마 소년, 소녀들은 새로운 임무를 배울 수 있었다. 또한 놀이가 종교의 일부가 되고 종교도 놀이의 일부가 될 수 있다는 것을 가르쳐주었다.

평생 한 번밖에 즐길 수 없는 5월의 축제도 아쉽게 막을 내렸다. 호라티우스는 다시 학교에 다녔다. 가방엔 교과서와 서판을 넣고서. 하지만 호라티우스의 가장 좋은 선생님은 집에 있었다. 바로 독시우스였다. 호라티우스는 독시우스와 함께 그리스 시인들의 시를 읽기도 하고 함께 공부도 하며 점점 우정을 쌓아갔다.

그러던 어느 날, 원로원 의원인 아버지가 호라티우스를 불렀다.

"오늘은 원로원 회의에 가자구나. 로마 집정관들이 제정한 법령대로 원로원 아들로서 토론도 듣고 원로원 의원이 되었을 때 지켜야 할 의무가 무엇인지 잘 배워둬야 한단다."

"예, 아버지."

호라티우스는 설렘과 흥분으로 가슴이 두근거렸다.

'드디어 나도 원로원에 가보게 되는구나. 정말 기대 돼. 그분들은 어떻게 토론할까?'

호라티우스는 원로원 회의장에 가서 의원들이 토론하는 것을 보았다. 의원들은 열띤 토론을 벌였다. 호라티우스는 의원들의 표정 하나, 말 한 마디도 놓치지 않았다.

'정말 원로원들은 대단해. 누가 누굴 이겼다고 할 수 없을 정도야. 나중에 친구들과 원로원 놀이를 해봐야겠어.'

원로원 회의에 다녀오고 나서 휴일이 되자 호라티우스는 친구들을 불러 모았다. 발레리우스와 율리우스를 비롯한 여러 소년들이 공회당 앞으로 모여들었다. 공회당은 로마 시민들이 여러 가지 일들을 최대한 지혜롭게 처리하기 위해 모여서 의논하던 장소였다.

"오늘은 원로원 놀이를 하자."

"그래, 좋아."

"내가 집정관을 맡을게. 토론 주제는 내가 원로원에 갔을 때

들었던 토론 주제로 하자. 그런데, 토론을 시작하기 전에 먼저 호민관이 있어야 해. 평민들에게 토론 결과를 설명해줄 사람이 필요하니까 말이야. 호민관은 평민이어야 하는데, 어디서 찾지?"

발레리우스가 말했다.

"도자기 상점들이 있는 길거리를 지나서 곡물 상점들이 있는 길모퉁이를 돌아가면 시민회의장이 나오잖아? 거기에 평민 소년들이 많이 모여 있어. 그 아이들 중에서 호민관을 선출하기로 하자."

그렇게 해서 칼푸르니우스라는 평민 소년이 호민관으로 선출되었다.

호라티우스가 말했다.

"자, 이제부터 율리우스가 연설을 할 거야. 연설이 끝나면 우리는 아탈루스의 보물들을 국고로 환수할 것인지 토론해서 결정해야 해. 그때 아탈루스, 너는 일어서서 '거부합니다'라고 말해야 해. 그리고 그 보물들을 가난한 평민들에게 나눠주겠다고 제안할 수도 있어."

원로원 놀이는 정말 재미있었다. 호라티우스는 나중에 크면 아버지처럼 원로원이 되어야겠다고 결심했다. 호라티우스와 소년들은 이런 놀이를 하면서 통치 기술을 자연스럽게 익혀갔다.

그러던 어느 날이었다. 진홍색 제복을 입고 승리를 상징하는 올리브나뭇잎으로 만든 관을 쓴 기병대원들이 말을 타고 카스

토르와 폴룩스 신전으로 위풍당당하게 행진했다. 해마다 7월의 이데스가 지나면 기병대원들은 행진을 했고 로마의 농부들은 잠시 일손을 멈추고 이 광경을 구경하곤 했다.

이데스도 지난 어느 날, 새로운 소식이 로마에 순식간에 퍼졌다. 사람들은 모이기만 하면 스키피오 장군에 대한 이야기로 꽃을 피웠다.

"너희들도 들었니? 스키피오 장군이 승리했대. 한니발의 배후기지였던 에스파냐를 정복하고 전리품을 잔뜩 가지고 포로들도 데리고 로마로 돌아온대."

"로마에 있던 한니발이 얼마나 당황했을까? 정말 고소하다, 호호."

"그러니까 지략이 있어야 하는 거야. 힘만으로는 전쟁에서 승리할 수 없지. 배후기지를 쳐서 한니발의 보급선을 끊은 건 정말 대단한 전략이었어."

"정말 멋지다. 난 스키피오 장군처럼 용감한 장군이 될 거야!"

소년들도 스키피오 장군에 대한 이야기로 시간 가는 줄 몰랐다.

드디어 스키피오 장군이 개선하는 날, 로마의 군중들이 개선 행진을 구경하려고 거리로 쏟아져 나왔다. 호라티우스와 친구들도 군중 사이에서 개선 행진을 기다렸다

행진 대열은 로마의 관문 밖에서 집결한 후 캄푸스 마르티우스를 출발했다. 행진 대열이 관문을 통과하여 로마 시내로 들어

서자 로마의 행정장관(시장)이 맞이했다. 트럼펫이 우렁차게 연주되었다. 드디어 행진 대열의 선두가 비아 사크라(신성한 거리)에 나타났다.

"와! 와! 로마군 만세!"

군중들이 함성을 질렀다. 행진 대열이 지나도록 길을 여는 릭토르(경호원)들을 따라 트럼펫 관악대가 나타났다. 이어서 제물인 황소가 등장했다. 황소들의 뿔엔 금칠이 되어있고 참나무 잎으로 된 관이 씌워져 있었다. 그리고 그 뒤를 부상병과 갑옷과 투구의 장식품들, 금잔과 은잔, 값비싼 옷감과 의복을 가득 실은 짐마차들이 따랐다. 또 그 뒤로는 포로들이 고개를 숙인 채 걷고 있었다. 포로들 중에는 적의 군사들, 어린아이들과 그 부모들도 있었다.

"와! 로마군 만세!"

"스키피오 장군, 만세!"

함성 속으로 드디어 스키피오 장군이 이륜전차를 타고 나타났다. 스키피오 장군은 이륜마차 위에 서서 한 손에는 월계수 가지를 들고, 다른 한 손에는 승리를 상징하는 독수리가 앉은 홀을 들고 있었다. 머리에는 승리를 상징하는 월계관을 쓰고 있었다. 옷은 개선장군들이 입는 토가 픽타를 입고 금실 자수가 놓인 진홍색 겉옷인 튜니카 팔마타를 걸쳤다.

"스키피오 장군 만세! 만세! 만세!"

스키피오를 부르는 사람들의 함성소리는 더 거세졌다. 소년들도 함성을 지르느라 목이 쉴 지경이었다.

장군을 따르는 모든 기병대원들과 보병들도 월계수 가지를 들고 있었다. 기병대원들은 진홍색 제복을 입고 올리브나뭇잎으로 만든 관을 쓰고서 위풍당당하게 행진했다.

이번엔 참나무 잎으로 만든 시민용 관을 쓴 보병과 성벽처럼 생긴 관을 쓴 병사가 나타났다. 황금과 쇠로 만들어진 수많은 사슬들도 있었다.

"와, 전투에서 로마 시민의 생명을 구한 병사다!"

"와와, 도시의 성벽을 처음으로 넘은 병사다!"

군중들이 환호성을 보냈다. 보병이 참나무 잎으로 된 관을 쓴 건 전투에서 로마 시민의 생명을 구했기 때문이었다. 또 성벽처럼 생긴 관을 쓴 건 로마 군대가 공격하던 도시의 성벽을 처음으로 넘은 병사라는 뜻이었다.

행진 대열은 비아 사크라를 통과하여 카피톨리누스 언덕의 주피터 신전으로 향했다. 그 신전엔 이미 수많은 전쟁에서 거둬들인 전리품들이 잔뜩 쌓여 있었다. 신전에 도착한 스키피오 장군은 머리에 썼던 관을 벗어 거대한 주피터 신상의 무릎 위에 올려놓았다. 그리곤 제사를 엄숙하게 지냈다. 그것이 그날 개선 행사의 마지막 절차였다.

호라티우스와 친구들은 행진 대열을 처음부터 끝까지 뒤쫓았어도 전혀 지치지 않았다. 소년들은 저녁이 되어서야 집으로 돌아왔다. 호라티우스 아버지가 개선을 기념하여 친구들과 함께 먹으려고 마련한 음식을 가져왔다.

"너희들도 오늘 같은 날은 함께 먹어야지."

"야호, 신난다. 빵이랑 꿀이다. 구운 돼지고기도 있어."

소년들은 실컷 음식을 먹었다. 그날은 로마인 누구에게나 최고의 축젯날이었다.

12월 초순이 되었다. 갑자기 발레리우스의 아버지가 세상을 떠났다. 장례식장엔 많은 사람들이 모였다.

며칠 후, 아버지와 어머니가 외출 준비를 하며 호라티우스에게 일렀다.

"발레리우스 아버지의 죽음을 애도하기 위해 검투사들과 맹수들의 싸움이 원형경기장에서 열린단다. 아버지와 어머니는 다녀올 테니 넌 집에서 독시우스와 함께 공부하고 있어라."

호라티우스도 검투사들에 대해 들은 적이 있었다. 검투사들은 주로 갈리아인과 게르만인이었는데, 로마 사람들은 그들을 바바리안이라고 불렀다. 전쟁에서 포로로 붙잡혀온 바바리안 검투사들은 로마인들의 즐거움을 위해 서로 싸우거나 사나운 맹수와 싸웠다.

호라티우스는 검투 경기를 한 번도 본 적이 없었다. 호라티우스는 검투 경기가 어떨지 궁금했다. 그래서 집에서 몰래 빠져

나와 원형경기장 근처를 맴돌았다. 원형경기장에서는 끊임없이 함성 소리가 울려왔다.

한참 후, 호라티우스는 게르만족 검투사들이 부상을 입고 경기장에서 나오는 모습을 보았다. 검투사들은 서로를 부축해서 숙소로 돌아가고 있었다. 그들의 모습은 끔찍했다. 팔에서 피가 뚝뚝 흐르는 사람, 다리를 질질 끌고 가는 사람, 뺨에 깊은 상처를 입은 사람.

한 사람이 낮은 목소리로 말했다.

"오늘 한 검투사가 스스로 목숨을 끊었어. 정복자의 즐거움을 위해 평생 싸워야 하는 것보단 그 검투사처럼 죽는 게 나을 거야."

"우리끼리 싸우는 건 정말 괴로운 일이야. 배고픈 맹수와 싸우는 게 차라리 낫지."

호라티우스의 가슴 한가운데가 상처를 입은 듯 아파왔다. 어머니와 아버지를 비롯한 모든 로마인들이 검투사 경기를 즐겼다. 하지만 그것 때문에 고통스러워하는 사람도 있었다.

'아무리 노예라지만 서로 싸우게 해놓고 즐겨도 되는 걸까? 독시우스가 만약 싸움을 잘했다면 어떻게 되었을까? 검투사로 끌려가서 매일 싸워야 했을까?'

호라티우스는 검투사들을 보며 깊은 생각에 잠겼다. 그리고 자신은 절대 그런 싸움을 즐기지 않겠다고 스스로에게 맹세했다.

시간은 흘러 12월이 왔다. 호라티우스는 모든 계절이 좋았지만 특히 12월이 좋았다. 신나게 놀기도 하고 선물도 주고받는 사투르날리아의 날(농신제)이 있기 때문이었다. 그날은 주인들이 하인들에게도 동등한 대우를 해주었다. 로마의 모든 사람이 즐겁게 지낼 권리를 그날만큼은 맘껏 누렸다.

사투르날리아의 날에 가난한 사람들은 곡식, 기름, 꿀을 선물로 받았다. 친구끼리는 무화과, 땅콩, 석류, 사과를 바구니에 담아서 선물로 주고받았다. 호라티우스는 새 신발과 튜니카를 선물로 받았다.

그날 율리우스 집안의 노예가 호라티우스 집으로 선물을 가져왔다. 호라티우스 아버지와 율리우스 아버지는 친한 친구였다. 호라티우스 아버지는 선물을 보고는 감탄했다.

"음, 정말 아름다운 걸. 체스 말들을 대리석으로 조각했어. 게다가 편지까지 썼네."

편지는 밀랍을 바른 작은 서판 두 장을 이어붙이고 밀랍에 담근 끈으로 틈새를 매운 서판에 쓰여 있었다.

"음, 나의 안녕과 번영을 기원하는 편지구나. 율리우스 아버지는 정말 좋은 친구야."

호라티우스 아버지는 곧 글을 문질러 지웠다. 그리고 그 서판에 친구에게 바로 답장을 써서 보냈다.

답장을 보내고 나서 호라티우스 아버지는 깊은 생각에 잠겼다. 로마인들은 사투르날리아를 기념하여 착한 일을 한 가지씩 했는데, 호라티우스 아버지에게도 마침내 좋은 생각이 떠올랐다.

"독시우스를 불러 오너라."

독시우스가 오자 호라티우스 아버지는 독시우스의 머리에 손을 얹었다. 독시우스는 무슨 일인지 몰라 눈이 휘둥그레졌다. 호라티우스 아버지가 말했다.

"독시우스야, 한 해 동안 호라티우스를 열심히 보호하고 잘 가르쳐 주었다. 사투르날리아의 날을 맞이하여 나는 너에게 자유를 주겠다."

독시우스는 믿기지 않는다는 듯 호라티우스 아버지를 바라보았다. 호라티우스 아버지가 고개를 끄덕이자 독시우스는 기쁨의 눈물을 흘렸다. 이제 독시우스는 집정관의 관할권을 벗어나도 되었다. 모자를 쓰고 토가도 입을 수 있었다. 독시우스는 자유인이 되었다. 독시우스는 떨리는 소리로 말했다.

"감사합니다, 원로원님. 평생 은혜는 잊지 않을게요."

"독시우스야, 호라티우스를 계속 가르쳐 주렴. 노예가 아닌 자유인의 신분으로 말이야."

호라티우스 아버지는 이렇게 말하며 독시우스가 예전에 찼던 사슬을 가족의 수호신상에 걸어놓았다. 그것은 명예로운 행동을 했다는 증거였다.

독시우스는 자유인의 신분으로 호라티우스를 계속 가르쳤다. 그래서 호라티우스와의 우정은 동등하면서도 더욱 깊어졌다.

학교가 겨울방학을 했다. 겨울방학은 오늘날로 치면 새해 첫 날까지 이어졌다. 하지만 그 당시에는 그날이 큰 의미가 없이 그냥 1월의 첫날일 따름이었다. 그래도 그날은 새로 원로원 의 원들이 부임하는 날이었고 그들에게 선물을 주는 날이기도 했 다. 또한 1월은 야누스의 달이었기 때문에 1월의 첫날에는 야누 스 신을 위한 축제와 기념행사가 열렸고 제사를 지냈다.

호라티우스는 축젯날에 선보일 공연을 준비하고 연습하느라 정신없이 바빴다. 그 공연 이름은 '트로이 전쟁'이었다. 그 공연 은 발레리우스, 율리우스와 같은 원로원 아들 36명만 참여할 수 있었다. 도자기를 빚는 도공, 전차에 부착하는 낫을 만드는 대장 장이, 무기를 만드는 병기공, 옷감을 짜는 직공의 아들들은 당연 히 공연에 참여할 수 없었다. 도공이나 대장장이, 병기공, 직공 들은 주로 노예들이었다.

공연 전에 선생님은 학생들한테 신신당부했다.

"이 공연은 굉장히 중요한 공연이다. 또한 트로이 전쟁을 그 려내는 공연이라 다른 공연보다 힘이 많이 들 것이다. 하지만 열심히 연습해서 최고의 공연이 되도록 해야 한다."

그 공연은 지휘관으로 뽑힌 소년 세 명이 각자 소년 12명씩을 지휘하여 벌이는 성대한 서커스였다. 호라티우스는 다른 소년 들과 함께 열심히 연습했다. 자신만이 아니라 말도 훈련시켜야 했기 때문에 하루 종일 연습할 때가 많았다. 독시우스는 호라티우스의 연습을 도왔다.

"공연 시작을 알리는 나팔 소리에 말이 놀랄 수도 있어. 그러면 말의 고삐를 꽉 쥐도록 해. 그리고 똑바로 앉아 당당하게 앞을 보도록 해야 해."

"응, 난 절대 떨어지지 않을 거야. 그리고 당당하게 앞을 볼 거야."

호라티우스는 조금은 걱정되었지만 큰소리를 쳤다.

마침내 공연 날이 되었다. 로마의 모든 시민이 그 공연을 구경하러 왔다. 공연 시작을 알리는 나팔 소리가 울리자 소년들이 무대로 나가 기병대의 전투 장면을 연출했다. 소년들은 이륜전차를 타고 달리다가 적군을 향해 화살을 쏘는 시늉을 했다. 마지막에는 말 등을 오르내리거나 앞뒤로 오락가락하는 진기하고 복잡한 춤을 추었다.

호라티우스는 공연에 참여한 소년들 중 어린 편에 속해서 지휘관이 되지는 못했다. 하지만 황금빛 훈장이 달린 진홍색 제복을 입고 빛나는 화살통을 어깨에 둘러맨 채 백마를 타는 소년 기병의 역할을 훌륭히 해냈다.

마침내 소년 36명과 말 36마리가 한 몸처럼 되었다. 그 순간, 소년 지휘관 율리우스가 큰 소리로 구호를 외쳤다. 순식간에 소년들은 집정관들 앞에 있는 계단에 질서정연하게 섰다.

"와, 잘했다! 멋있다!"

구경꾼들의 함성 소리와 박수 소리가 끊이지 않고 울려 퍼졌다. 소년들의 얼굴엔 숨길 수 없는 기쁨이 피어났다.

야누스의 날이 지나자 호라티우스와 친구들은 다시 학교에 다니기 시작했고 도시의 장벽들 바깥에 모여 놀았다. 소년들의 놀이터는 수돗물이 흐르는 거대한 아치 모양의 수도교 밑이었다. 그곳은 각종 토론을 하거나 서커스 공연을 하는 데도 안성맞춤인 장소였다.

어느덧 시간이 흘러 오늘날의 2월 13일(혹은14일)에 해당하는 페브루어리의 이데스가 다가왔다. 그날은 루페르쿠스 또는 판을 위한 축제와 제사, 기념행사가 열렸다. 하지만 그날의 축제는 여느 축제들과는 조금 달랐다. 목신 판을 위한 축제였기 때문이다. 판을 위해 축제를 열고 제사를 지내는 풍습은 먼 고대 그리스에서 로마로 오래 전에 전해진 것이었다. 호라티우스는 친구 발레리우스와 함께 제사에 참여하도록 선발되었다.

"판 신의 두 발은 염소나 양의 발처럼 생겨서 염소나 양을 제물로 쓰는 거야."

호라티우스가 말했다. 발레리우스가 맞장구치며 말했다.

"맞아, 게다가 개까지 제물로 쓰지. 그건 양치기 개가 언제나 목동과 함께 염소나 양을 돌보기 때문이야. 그런데 난 동물들이 좀 불쌍한 것 같아."

두 소년은 제관들 옆에 서서 동물들이 죽어가는 모습을 지켜보았다. 그때 한 제관이 동물들의 피가 묻은 칼을 두 소년의 이마에 대고 문질렀다. 그러자 곧바로 다른 제관이 우유에 담갔다가 꺼낸 양털뭉치로 두 소년의 이마에 묻은 피를 닦아냈다.

"하하하하!"

"하하하하하하하!"

두 소년은 크게 소리 내어 웃기 시작했다. 웃고 싶거나 말거나 상관없이 무조건 웃어야만 하는 게 법칙이었다.

2월도 지나고 한 해 한 해 세월이 흐르며 호라티우스는 점점 어른이 되어갔다. 어른이 되어서는 아버지처럼 원로원 의원이 되었다.

로마를 알기 위해 꼭 알아야 할 역사 상식

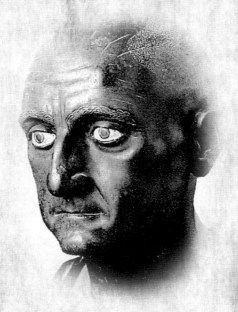

스키피오 장군

로마와 카르타고는 지중해를 두고 싸움을 했는데 이를 포에니 전쟁이라고 한다. 포에니 전쟁은 3차전까지 치러졌는데 모두 로마의 승리로 끝나서 로마는 지중해 일대를 완전히 장악할 수 있게 되었다.

제 2차 포에니 전쟁을 승리로 이끈 장군이 바로 스키피오 장군이었다. 스키피오 장군은 로마의 정치가이기도 했다. 제 2차 포에니 전쟁에서 처음에는 카르타고의 명장 한니발이 알프스 산을 넘어 로마를 치면서 카르타고가 승리하는 것처럼 보였다. 하지만 한니발이 로마에 있을 때, 스키피오는 카르타고의 중요 식민지인 에스파냐를 쳤다. 그리고 대승리를 거두고 로마로 돌아와 만장일치로 집정관이 되어 이번엔 카르타고를 치러 갔다.

한니발은 카르타고를 지키기 위해 로마를 떠날 수밖에 없었다. 한니발은 북아프리카 자마에서 스키피오와 일대격전을 벌였지만 전쟁은 스키피오의 승리로 끝났다. 이때 스키피오 장군은 아프리카누스란 별칭을 얻었다. 2차 포에니 전쟁으로 로마는 에스파냐를 얻었고 카르타고를 사실상 속국으로 만들었다.

로마는 카르타고를 완전히 무너뜨리기 위해 전쟁을 벌였는데 이 전쟁을 제 3차 포에니 전쟁이라고 한다. 스키피오의 양손자인 스키피오 아이밀리아누스는 카르타고를 함락한 이후, 도시를 무자비하고 철저히 파괴했다. 땅을 가래로 갈고 소금을 뿌려 불모지로 만들었다. 그 이후 카르타고는 국력을 회복하지 못하고 역사에서 사라지게 되었다.

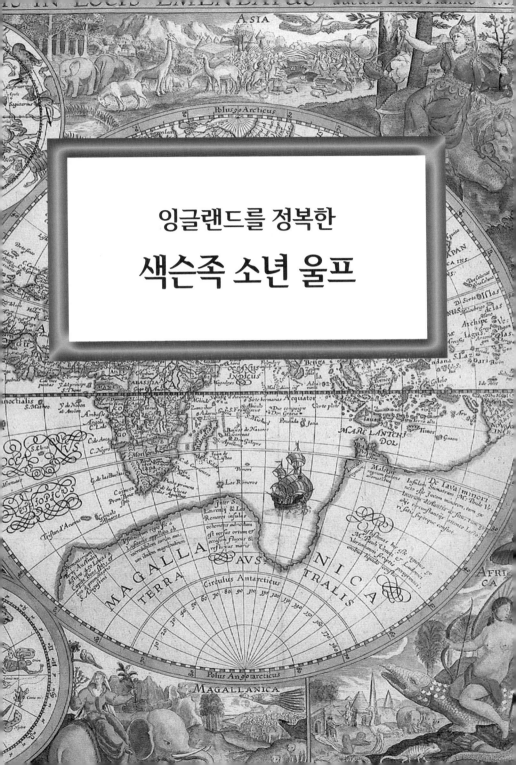

잉글랜드를 정복한

색슨족 소년 울프

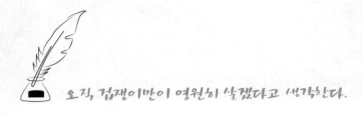

오직 겁쟁이만이 영원히 살겠다고 생각한다.

우린 이제 다섯 번째 역에 도착했다. 자, 이제 기차 문을 열고 기차에서 내리자. 그리고 주위를 둘러보자.

이곳은 도시가 아니라 거친 땅이 있는 시골이다. 거대한 숲이 있고 작은 마을들이 띄엄띄엄 흩어져 있는 이곳에는 야성적인 전사들이 살고 있다. 그럼 소년 전사를 만나러 가보자.

"울프, 독수리 나무까지 달리기 하자!"

엘라의 외침과 함께 두 소년은 내달리기 시작했다. 소년들은 한 손에는 활을 들고 어깨에는 화살통을 메었다. 바람에 긴 금빛 머리카락이 물결치듯 흩날렸다. 색슨족인 울프와 엘라는 태어나서 한 번도 머리카락을 자르지 않았다. 긴 머리카락은 자유인이라는 표시였다.

순식간에 마을을 벗어난 두 소년은 어두운 숲을 향해 달려갔다. 숲은 색슨족 마을들을 에워싸고 있어서 마을과 마을을 구분해주고, 또 마을과 적들의 영역을 구분해주는 경계선 역할을 했다.

숲 가장자리에 도착한 두 소년은 달리기를 멈추고 가쁜 숨을 골랐다. 울프는 활을 땅에 내던지고 자신의 정강이를 감싸는 행전의 양털실끈을 단단히 조였다. 울프는 다시 달릴 준비를 했다.

"준비! 달려!"

두 소년은 깊고 어두운 숲을 향해 쏜살같이 내달렸다. 울프가 엘라보다 먼저 너도밤나무에 도착했다. 울프는 나무 아래서 의기양양한 표정으로 엘라가 오길 기다렸다. 곧 엘라가 달려와 헐떡이며 바닥에 털썩 주저앉았다.

울프와 엘라는 거대한 너도밤나무의 짙은 그늘 속에서 땀을 식혔다. 너도밤나무는 이웃한 두 마을이 모두 신성시 여기는 나무였다. 너도밤나무 줄기엔 독수리가 거칠게 새겨져 있었다. 독수리는 날카로운 부리로 무엇이든 쪼아버릴 것 같았다. 바람이 불자 나뭇잎들이 흔들리며 우수수 소리를 냈다.

엘라가 말했다.

"더 이상 여기 있는 건 위험해. 다른 마을 사람들이 본다면 우리를 가만히 두지 않을 거야. 너와 나의 용기는 이 나무가 증명해 줄 거야."

"맞아, 이젠 가자."

울프와 엘라는 숲길을 걸어서 집으로 향했다.

그때, 오른쪽 관목 숲에서 '딱딱' 하며 나뭇가지들이 부러지는 소리가 났다.

"이게 무슨 소리지?"

두 소년이 고개를 갸우뚱거리고 있을 때 관목 숲으로 열두 살쯤 되어 보이는 소년이 나타났다. 소년이 돼지들을 몰고 관목 숲을 지나고 있었던 거였다.

돼지몰이꾼 소년은 겨우 무릎에 닿는 짧은 윗도리만 걸쳤다. 소년의 머리카락은 짧았고 색깔도 칙칙했다. 목에는 쇠로 만든 둥근 목걸이를 걸고 있었다. 그 목걸이는 굵은 철사를 둥글게 휘어 양끝이 맞닿는 부분을 납땜하여 절대 뺄 수 없게 만들어 놓았다. 목걸이에는 노예 소년의 주인만 알아볼 수 있도록 표식이 새겨져 있었다.

엘라가 소년에게 인사했다.

"안녕? 네 이름은 뭐야?"

"우펜이야."

"여기에 돼지들이 먹을 게 많니?"

이번엔 울프가 물었다.

"응, 너도밤나무 열매와 도토리가 지천이야. 하지만 돼지들이 그걸 먹다 보면 자꾸만 독수리 나무쪽으로 가기도 해. 그쪽엔 사람을 잡아먹는 괴물 그렌델이 산다는데……. 그 괴물이 날 잡아먹을까봐 무서워."

우펜이 몸을 부르르 떨며 말했다.

"그렌델은 저 산 너머 아주 먼 곳에 사니까 걱정 마."

엘라가 부드러운 목소리로 말했다.

"아니야! 그 괴물은 엄청나게 커서 독수리 나무도 넘을 수 있대. 더구나 그 괴물이 언제 어디서 불쑥 나타날지 아무도 모른대."

"겁먹지 마, 우펜. 그렌델은 그 나무를 넘자마자 힘자랑을 하느라 울부짖을 게 틀림없어. 그러는 사이에 넌 그 괴물을 상대할 시간을 벌 수 있어."

"그래? 너는 그렇게 쉽게 말할 수 있겠지. 하지만 나를 봐. 내가 뭘 가지고 그 괴물을 상대할 수 있겠어? 노예는 어떤 무기도 가질 수 없는데 말이야."

우펜이 투덜거리며 말했다.

"걱정 마. 내가 너를 지켜줄게."

울프가 화살통에서 화살 한 개를 뽑아 활줄에 메겼다. 활줄을 팽팽히 당기고 우아한 자세로 어두운 숲을 겨냥했다. 엘라가 낮은 소리로 노래를 불렀다.

"나는 나의 검을 믿노라, 나는 내가 탄 군마를 믿노라,

하지만 어떤 경우에도 내가 가장 신뢰하는 것은 바로 나 자신이라네."

엘라는 애정이 가득 담긴 눈빛으로 울프를 쳐다보았다. 엘라는 사촌동생인 울프가 어른이 되면 가문을 이끄는 대표자가 될

거라는 걸 알고 있었다. 울프는 대표자가 될 만큼 용감하고 달리기도 잘했고 활도 잘 쏘았다. 엘라는 그런 울프가 항상 자랑스러웠다.

바로 그때였다.

"우우아아! 크르르릉!"

숲에서 커다란 괴성이 사방으로 울려 퍼졌다.

"그렌델이 나타났어!"

돼지몰이꾼 소년의 두 눈이 공포에 젖었다. 소년은 재빨리 돼지들을 몰고 가버렸다.

"저건 무슨 소리인지 모르겠어. 하지만 색슨족 전사들은 절대 겁내지 않아. 우린 겁쟁이가 아니거든."

"그렇고말고."

울프의 말에 엘라가 고개를 끄덕였다. 그때 멀리 백작의 심부름꾼이 공회당 언덕에서 내려오는 게 보였다.

공회당 언덕은 두 소년이 사는 마을에 있는 나지막한 구릉이었다. 한 달 전에 이 언덕에서 마을의 자유인들이 자치회의를 열어 마을 주민 모두에게 공평한 결정을 내린 적이 있었다. 마을 자치회의는 큰 문제 외에 사소한 문제들을 마을에서 자치적으로 해결했다.

"무슨 일이지? 벌써 회의가 끝났나? 빨리 가보자."

"저번처럼 언덕 기슭에 있는 나무 위로 올라갈까?"

소년들은 마을 자치회의에 참석할 자격이 없었다. 그래서 두 소년은 궁금증을 못 이기고 언덕 기슭에 있는 나무나 바위 위에서 몰래 구경하곤 했다.

"회의가 끝난 것 같으니 공회당 언덕까지 가자. 다시 시합이야. 시작!"

두 소년은 달리기 시작했다. 열심히 내달리던 두 소년은 공회당 언덕길 밑에서 울프의 할아버지 에르케닌을 보았다. 할아버지는 백작의 심부름꾼과 이야기하고 있었다. 소년들은 이끼 낀 바위에 걸터앉아 할아버지가 이야기를 마칠 때까지 기다렸다.

그때 엘릭이 언덕을 천천히 내려오고 있었다. 엘릭의 흰 머리카락은 어깨 너머까지 길게 늘어지고 푸른 두 눈동자는 텁수룩한 눈썹 밑에서 밝게 빛났다. 엘릭의 주름진 얼굴과 두 팔 여기저기에는 흉터가 무늬처럼 새겨져 있었다. 그의 손은 조금씩 떨렸지만 이마는 강한 긍지로 빛났다. 허리에는 칼날이 넓고 끝부분이 날카로운 색스라는 전투용 단검을 찼다. 엘릭은 젊었을 때 아주 유명한 전사였다.

"안녕하세요? 엘릭 할아버지."

울프와 엘라가 인사하자 엘릭의 거친 얼굴에 환한 웃음이 번졌다. 엘릭은 어린 울프와 엘라를 좋아했다. 엘릭은 80년 세월 동안 쌓아온 지혜를 두 소년에게 항상 전해주고 싶어 했다.

"얘들아, 오늘은 새로운 소식이 있단다."

"무슨 소식인데요, 엘릭 할아버지?"

울프가 궁금한 얼굴로 물었다.

"오늘이 바로 우리 민족을 처음 낳으신 아버지 보덴님의 날이지. 그래서 오늘이 수요일, 즉 보덴스데이 또는 웬즈데이라고 불리는 거란다. 자신이 가진 땅만 지키느라 전전긍긍하는 사람은 새로운 땅을 정복하러 나서지 못하지. 나약하고 비겁한 사람이 땀 흘려 얻을 수 있는 것을 너희는 피 흘려 얻을 수 있단다. 너희의 혈관 속에는 보덴님의 피가 흐르고 있어. 네가 만약 내가 생각하는 용감한 소년이라면 그 소식은 너와도 관계가 있을 게다."

"할아버지, 궁금해요. 빨리 말씀해주세요."

울프가 조르자 엘릭이 딴청을 부리며 말했다.

"내가 말할 수는 없지. 나중에 네 할아버지에게 물어보렴."

울프는 체념한 듯 엘릭에게 말했다.

"엘릭 할아버지, 그러면 다른 요일들에 관한 이야기도 해주세요."

"써스데이(목요일)는 토르의 날이란다. 그날은 천둥벼락의 신이 적들에게 강력한 벼락을 내리치는 날이지. 그리고 화요일은 티르의 날이야. 난 티르가 세상에서 가장 용감하다고 생각한단다."

"왜요?"

"티르는 신들의 쇠사슬에 묶여서도 자신의 용기를 증명하기 위해 오른손을 늑대 펜리르의 아가리에 집어넣었거든. 티르는 쇠사슬이 끊어지지 않으면, 펜리르가 자신의 오른손을 꽉 물어서 잘라버릴 것을 알았어. 티르는 오른손을 빼지 않았고 결국 오른손을 잃고 말았지. 그래서 내가 그 외팔이 신을 숭배하는 거란다. 게다가 나는 화요일에 태어났거든.

그나저나 너희 할아버지가 벌써 집에 가셨나 보구나. 나도 이만 가던 길을 가야겠으니 너희도 갈 길을 가려무나. 그리고 울프와 엘라야, 달리기가 너희들을 용감한 사나이로 자라게 해준다는 걸 잊지 말거라."

"예, 할아버지."

울프와 엘라는 엘릭과 헤어져 천천히 이야기를 나누며 걸어갔다. 울프가 엘라에게 말했다.

"용감한 날은 딱 세 개의 날밖에 없어. 나는 보덴스데이(수요일)를 나의 날로 생각하겠어. 선데이(일요일)는 태양의 날, 먼데이(월요일)는 달의 날, 프라이데이(금요일)는 웃음을 머금은 자애로운 프리가의 날, 새러데이(토요일)는 평화와 풍요를 가져다주는 세터의 날이야. 하지만 나한텐 전쟁의 날인 수요일이 맞는다고 생각해."

"맞아, 넌 용감하니까 보덴의 날이 딱 맞지."

엘라가 고개를 끄덕이며 말했다. 집들이 점점이 흩어져있는 마을 근처에서 두 소년은 헤어졌다. 울프는 궁금증에 마음이 급해져서 집으로 달려가기 시작했다.

울프네 집은 굵은 통나무와 판자를 이어 만들었다. 지붕은 잔디로 덮었고 구멍을 뚫어 굴뚝을 만들었다. 집의 출입문에는 이상한 글자들이 새겨져 있었다. 그 글자들은 '룬 문자'였는데, 울프는 읽을 줄 몰랐다. 할아버지는 종종 룬 문자에 대해 이야기해주었다.

"룬 문자는 신성한 문자란다. 신들의 문자라 마법의 힘을 가지고 있지. 사람들은 룬 문자를 두려워하고 숭배해. 이 글자들은 집에 액운이 들어오지 못하게 막아주지."

울프가 집에 들어가자, 어머니는 문 옆에서 손가락으로 양털실을 잣고 있었다. 어머니는 부드러운 미소로 울프를 반겼다.

"어머니, 할아버지 들어오셨지요?"

"그래. 할아버지께서 너에게 새로운 소식을 알려주실 거야."

"무슨 소식이에요, 어머니? 혹시 내가 전쟁터에 나가나요? 어머니도 알다시피 난 열두 살이에요. 나도 충분히 싸울 수 있다는 걸 이미 아시잖아요."

울프가 들떠서 말했다. 어머니가 울프를 정다운 눈빛으로 바라보며 말했다.

"넌 네 아버지 지게베르트를 꼭 빼닮았구나. 네가 전쟁터 야영지에서 태어나 방패 위에서 커서 그런가 보다. 네 아버지는 전쟁터에서 싸우다 명예롭게 돌아가셨어. 시신이 되어 집으로 돌아왔을 때, 넌 갓난아기였단다. 난 숨을 거둔 지게베르트 가슴에 너를 올려놓았지. 넌 아무 소리도 내지 않고, 울지도 않았어. 그때 나는 어린 너에게 '사랑하는 사람의 시신 앞에서 여자들은 슬피 울어도 되지만 남자들은 울지 말고 마음 깊이 새겨둬야 한단다'라고 말해주었지."

"어머니, 전 아버지의 아들인 게 정말 자랑스러워요."

"그래, 그럼 이제 할아버지한테 가 보거라. 할아버지께서 기다리고 계실 거야."

울프는 기대에 가득 차서 할아버지에게 갔다. 할아버지는 모직 망토를 걸치고 화롯불 앞에 앉아 있었다. 할아버지의 머리숱은 아직 풍성했고 두 눈은 지혜로워 보였다. 창은 항상 손이 닿는 구석에 세워두었다. 울프는 그런 할아버지를 존경했다.

울프는 할아버지 곁에 섰다. 열린 문으로 들어오는 오후의 햇살이 울프의 금빛 머리카락과 호기심 가득한 얼굴을 비추었다. 울프는 궁금증을 참지 못하고 말했다.

"할아버지, 새로운 소식이 뭐예요?"

할아버지가 엄숙한 얼굴로 말했다.

"너의 작은아버지 헨기스트와 호르사가 소식을 전해왔단다. 사나운 픽트족이 남쪽으로 내려오며 브리타니아를 공격하고 있대. 켈트족이 사나운 픽트족을 막기 위해 싸우러 나가서 브리타니아의 해안이 비어있다는 거야. 작은아버지들은 지금이 우리가 브리타니아를 정복할 절호의 기회라고 하는구나. 너의 머리

위로 더 많은 겨울들이 지나가기 전에 너는 전함을 타고 백조의 바닷길로 항해해야 한단다."

울프가 흥분해서 말했다.

"할아버지, 전 할 수 있어요. 그곳으로 가서 제 검으로 새로운 땅을 정복할 때까지 돌아오지 않을래요. 저는 오래전부터 제 검을 갖고 싶었어요. 할아버지, 이젠 저도 검을 가질 수 있죠?"

할아버지는 울프를 대견스럽다는 듯 바라보았다.

"네 아버지는 축제에 가기보다 싸움터에 나가기를 훨씬 좋아했지. 너는 그런 아버지를 쏙 빼닮았구나. 내일 아침 해가 뜰 때 네가 정복 항해에 나서도 좋을지 신들에게 물어보고 신들의 허락을 받으면 가도록 해라."

"신들께서 꼭 허락하실 거예요!"

울프는 자신만만하게 외쳤다.

다음 날 아침이 되자, 할아버지는 나무에서 신선한 나뭇가지들을 잘라냈다. 각각의 나뭇가지에 표시를 새기고 하얀 보자기를 펴서 그 위에 조심스럽게 흩뿌렸다. 할아버지는 보덴과 운명의 여신들에게 기도한 후, 손을 뻗어서 보자기 위에 흩뿌려진 나뭇가지들 중 하나를 집어 들었다. 할아버지는 나뭇가지 표시가 무엇을 의미하는지 천천히 살펴보았다.

"울프야, 이 나뭇가지 표시를 보니 네가 가도 되겠구나."

"역시 그럴 줄 알았어요."

울프의 말에 할아버지가 울프의 두 어깨를 잡고 말했다.

"울프야, 가거라. 가서 정복자가 되고 왕이 되어라. 너의 수호 여신들이 너를 지켜줄 게다. 네 운명의 여신은 너를 고귀한 청년으로 자라게 해줄 것이다. 사나이에겐 부끄러운 삶보다 죽음이 더 낫다는 것을 기억해라. 오직 겁쟁이만이 영원히 살겠다고 생각하는 거란다."

울프는 벌써 전사가 된 듯이 큰 소리로 대답했다.

"예, 할아버지! 꼭 그럴게요!"

다음 날, 울프가 새벽에 일어나자 어머니는 울프를 꼭 안아주며 말했다.

"아들아, 용감한 전사가 되어야 한다. 너는 지게베르트의 아들임을 잊으면 안 된다."

울프는 어머니의 말을 마음 깊이 새겼다. 할아버지는 울프에게 창과 방패를 주었다.

마을에는 새벽부터 자유인들이 창과 방패를 가지고 모여 들었다. 울프도 그곳에 바로 합류했다. 그 자리에서 할아버지가 다시 울프에게 당부했다.

"이제부터 너는 내 가족도 아니고 집에서 응석부리는 아이도 아니다. 너는 이제 색슨족의 전사다. 네 운명이 농사를 지어야 하는 것일 수도 있겠지. 그러면 우리 민족의 어머니인 헤르타 여신께서 많은 농작물을 수확할 수 있게 도우셨을 게다. 어부가 네 운명이라면 너는 북쪽 바다에서 고래를 잡거나 암초들 사이에서 가마우지를 잡기도 할 테지.

하지만 네 운명은 전사란다. 남자의 가장 중요한 의무는 전투지. 전사는 언제나 적을 공격할 태세를 갖추고 있어야 한다. 그리고 겁쟁이가 되어선 안 된다. 하지만 만약 적이 세 명이라면 그때는 한 발 물러설 수 있단다. 그 전에는 어떤 일이 있어도 한 발도 물러서선 안 된다.”

“예, 절대 겁쟁이가 되지 않을게요.”

울프는 창과 방패를 힘주어 잡으며 대답했다.

그때 멀리서 엘라가 달려왔다. 엘라가 아쉬운 듯 울프의 손을 잡으며 말했다.

“울프야, 난 이번 원정엔 못 가. 다음 원정 때는 꼭 갈게.”

“엘라야, 다음엔 꼭 와야 해. 기다릴게.”

울프는 엘라가 같이 못 가는 게 무척 아쉬웠다. 항상 붙어 다니던 엘라가 없으니 마음 한쪽이 허전했다. 하지만 곧 울프는 엘라와 가족들에게 밝게 인사하고 자유인들과 길을 떠났다. 중간에는 전사들이 합류했다. 전사들은 말은 없었지만 보기만 해도 용감하다는 걸 느낄 수 있었다.

울프 일행은 이틀 동안 습지와 숲을 행군했다. 그리고 드디어 바닷가에 도착했다. 바닷가에는 튼튼한 전함 세 척이 정박하고 있었다.

"모두들 배에 올라타도록!"

배에 오르자 울프의 가슴은 파도치듯 울렁거렸다.

'백조의 바닷길을 지나 낯선 땅에 도착하면 처음 보는 적들이 기다리고 있겠지?'

울프는 그들과 싸울 생각을 하면 벌써부터 힘이 불끈 솟는 것 같았다.

전함은 튼튼했고 바닥은 편평했다. 바닥은 기다란 참나무 판자들을 겹쳐대어 걸쇠를 박아 밧줄로 튼튼하게 묶어서 만들었다. 전함에는 노가 열다섯 개씩 달려있었다.

"자, 출발!"

외침과 함께 힘센 팔뚝을 가진 열다섯 명의 건장한 장정들이 노를 힘차게 저었다. 전함은 거센 파도를 헤치고 거침없이 전진했다. 전함의 갑판에 당당히 서있는 용맹한 전사들의 머리 위로 백마가 그려진 깃발이 바람에 펄럭였다. 울프도 당당하게 서서 바다를 바라보았다. 바다는 끝도 없이 이어졌다.

"육지가 보인다!"

"브리타니아의 색슨족 해안이다!"

전사들의 우렁찬 소리에 울프는 뱃머리로 달려갔다. 멀리 육지가 보였다. 배가 해안가에 다가가자 사람들이 보였다. 그중엔 작은아버지 헨기스트가 있었다.

"어서 오너라. 작은 전사여."

작은아버지 헨기스트는 울프를 전사로 반갑게 맞아주었다. 헨기스트는 그날 울프에게 해상에서 벌인 무용담을 이야기해주었다. 울프는 그 이야기들에 흠뻑 빠져들었다. 매일 식사 때마다 헨기스트는 브리타니아인과 싸운 이야기, 머리카락을 길게 기른 갈리아인과 싸운 이야기, 로마 군단과의 전투 등을 이야기해주었다. 울프는 그런 이야기를 들을수록 빨리 전투에 나가고 싶어 조바심이 났다.

그러던 어느 날 헨기스트가 말했다.

"내일 전함을 타고 다른 해안으로 갈 거야. 곧 전투가 시작될 테니 잘 준비하도록 해라."

울프는 전투를 한다는 생각에 피가 뜨거워짐을 느꼈다. 그리고 결코 겁쟁이가 되지 않겠다고 결심했다.

다음 날, 군함 세 척이 브리타니아의 다른 해안으로 출발했다. 헨기스트가 갑판에 서서 울프에게 말했다.

"브리타니아인들은 약해. 그들은 도시에 떼 지어 살지. 그들 중에 농토 옆에 붙은 집에서 혼자 살 수 있는 자는 아무도 없을 거야. 모두 겁쟁이거든. 우리가 그들을 붙잡아 색슨족 땅으로 끌고 가서 진흙탕에 처박아 놓고 울타리에 가둬놓아도 그들은 아무도 치욕스러워하지 않을 거야. 그들의 성직자들은 글 읽기와 노래를 가르친단다. 그들은 겁쟁이들을 성직자로 만들고 있는 셈이지. 글을 읽느라 세월을 낭비하니까 결코 땅을 얻지 못하는 거야."

"하지만 노래가 꼭 나쁜 것은 아니지요."

헨기스트 근처에서 검을 날카롭게 벼리던 젊은이가 말했다. 이름이 불꽃이라는 뜻의 이다였다.

"아니야, 그들의 노래는 좋은 게 아니야. 그들에겐 군가가 하나도 없어. 그들은 죽은 자를 위한 장송곡과 찬송가만 부르거든. 그따위 노래들은 다 쓸모없어."

갑자기 헨기스트가 발을 구르더니 노래를 부르기 시작했다.

나의 검은 나의 아버지
나의 방패는 나의 어머니
나의 전함은 나의 여형제
나의 군마는 나의 남형제

그러자 전함 해마호의 갑판에서 헨기스트의 동료들도 일제히 기다란 금빛 머리카락을 흔들면서 헨기스트와 함께 노래를 부르기 시작했다.

달려라 나의 전함이여
밝아오는 새벽을 노래하라
진정한 영웅들이 맹세하노니

전사들의 노랫소리는 바다 위로 힘차게 퍼져나갔다.

이윽고 전함 세 척이 해안에 닿았다. 브리타니아의 왕 보르티게른은 색슨족 백작을 해안으로 보냈다. 백작은 왕의 이름으로 헨기스트 일행을 맞이했다.

백작이 헨기스트 일행에게 물었다.

"형제여, 무슨 까닭으로 이 해안으로 왔지요?"

"보르티게른의 왕을 위해 검을 가져왔습니다."

"그대들은 어떤 보답을 원하오?"

백작이 헨기스트에게 물었다.

"땅! 땅을 주시면 되오이다. 나는 전투를 좋아해서 싸우지만, 이번에는 땅을 얻고자 싸우겠소.

나의 삽이 곧 나의 검이고, 나의 보물이 곧 나의 굳센 오른손 이외다. 나는 이곳에서 머물겠소. 그리고 나의 부하들은 브리타니아의 너른 땅을 경작할 거요. 많은 전쟁터에서 전리품도 획득할 것이오."

"알겠소. 보르티게른의 왕에게 그렇게 전하겠소."

백작은 이렇게 말하고 돌아갔다. 하지만 헨기스트는 보르티게른 왕이 땅을 주든 안 주든 상관없었다. 땅은 싸워서 차지하면 되는 것이었다.

보르티게른의 적을 상대로 전투를 시작하기 전에 울프는 헨기스트의 두 손을 맞잡고 엄숙하게 맹세했다.

"참나무와 물푸레나무와 산사나무와 위대한 보덴 신의 이름으로 헨기스트의 충직한 동료가 되어 목숨을 걸고 헨기스트를 따르겠습니다."

드디어 색슨족 전사들은 픽트족과 싸울 곳으로 행군하기 시작했다. 픽트족은 얼굴에 색칠을 한 사나운 북방 종족이었다. 습지와 숲을 통과한 색슨족 전사들은 로마인들이 만든 널따랗고 오래된 도로를 행군했다. 색슨족은 그 도로들을 슈트뢰타스(도로들)라고 불렀다.

울프는 도로변에 있는 거대한 성벽에 둘러싸인 도시를 보고 눈이 휘둥그레졌다. 그 도시에는 브리타니아인들이 살고 있었다. 헨기스트가 울프에게 말했다.

"로마인이 그들을 정복했을 때 성벽과 도시 건설하는 방법을 가르쳐주었지. 그래서 이런 건물들을 세우게 된 거란다."

행군하는 동안 울프는 전쟁터에서 어떻게 행동해야 하는지를 배웠다. 전투가 시작되면 어떤 악조건에서도 결코 물러남 없이 목숨 걸고 싸워야 한다는 것, 싸움에 패해도 적에게 결코 등을 보이지 말아야 한다는 것, 결코 패배를 인정하지 말아야 한다는 것을 배웠다. 승리한 적에게 해줘야 하는 말도 배웠다. 울프가 패배했다면 이렇게 말해야 했다.

"오늘의 승리는 너의 것이되 내일의 승리는 나의 것이다. 나는 등을 보이지 않겠다. 내가 서있는 이 자리는 오늘 운명의 여신들이 나에게 점지한 자리다. 내일 나는 다시 진격할 것이다."

헨기스트가 말했다.

"픽트족을 무찌르고 나면 브리타니아인들을 대적할 태세도 갖춰야 해."

"하지만 브리타니아 사람들도 우리와 싸울 태세를 갖출지 몰라요."

이다가 걱정스럽게 말했다.

"그들이 독수리를 잡으려 한다고? 그러다가는 큰코다친다는 것을 알게 될 거야. 그들이 독수리를 잡더라도 풀어주는 편이 오히려 그들에게 가장 안전할 거야."

헨기스트가 거만한 말투로 말했다.

울프는 첫 전투에서 얼굴에 가벼운 상처를 입었다. 하지만 울프는 싸움에서 절대 뒤로 물러나지 않았다. 색슨족 전사들은 하나같이 용맹했다. 색슨족 전사들은 백마가 그려진 깃발을 휘날리며 승승장구했다.

열두 살 소년 울프는 자신이 점점 건장한 청년이 되고 있음을 느꼈다. 울프는 다른 사람에게 이렇게 말하곤 했다.

"내 좌우명은 '스스로를 지키지 못하는 자들은 화를 당하리라! 약자는 화를 당하리라!'라는 말이야. 난 자신을 지킬 수 있는 강한 사람이 될 거야."

그러던 어느 날, 헨기스트가 울프에게 말했다.

"울프야, 드디어 브리타니아 땅에 색슨족 성채를 건설할 때가
왔다."

헨기스트는 울프를 데리고 바위 언덕이 있는 곳으로 갔다. 헨
기스트는 황소 가죽 한 장을 가늘게 잘라서 꼬아서 가죽 끈을 길
게 이었다. 헨기스트는 가죽 끈으로 바위 언덕의 가장자리를 빙
둘러쳤다. 그 다음 그 끈을 따라 성채를 건설했다. 그리고 그 성
채에 '가죽 끈 성'이라는 이름을 붙였다.

성채의 출입문마다 참나무로 만든 강력한 빗장이 걸렸고 석
재로 만든 성벽들에는 작은 구멍들을 뚫어 창문을 만들었다. 이
성채는 브리타니아인들의 공격을 방어할 수 있는 안전한 요새
였다. 무엇보다도 그 성채 주위의 땅이 색슨족 땅이라는 것을
세상에 알리는 표시이기도 했다.

색슨족이 터를 잡은 곳은 잉글랜드의 남쪽 바다에 있는 타넷
섬이었다. 색슨족은 그곳에 백마 깃발을 꽂았다. 그곳엔 예전에
살던 곳처럼 공회당 언덕이 생겼고, 예전에도 그랬듯 언덕에서
자치회의도 했다.

매년 한 차례씩 색슨족의 전함들이 고향 사람들을 태우고 바
다를 건너 타넷 섬으로 왔다. 엘라도 타넷 섬으로 와서 울프와
다시 만났다. 두 소년은 검을 허리에 차고 두 번이나 넘게 전쟁

터에 나갔다.

두 소년은 한 곳에만 머물지 않는 변화무쌍한 삶을 좋아했다. 그러면서 두 소년은 사람들이 따라야 할 정의, 맹세를 지키는 법, 그리고 무엇보다도 자유인이라면 갖추어야 할 용기를 배웠다. 그리고 자유인이 되는 일이 왕이 되는 일만큼이나 훌륭한 일이라는 것도 배웠다.

두 소년은 글을 읽지도 쓰지도 않았다. 다녀야 하는 학교도 없었고 읽을 책도 없었다. 두 소년에게는 일상생활이 유일한 책이었고 무척 바쁘고 거친 삶이 학교였다.

평화로운 낮이나 밤은 드물었고 두 소년이 전투력을 기르기 위해 연습 상대로 삼을 만한 적은 언제나 가까이에 있었다.

어느 날, 울프가 기쁨에 가득 찬 얼굴로 말했다.

"드디어 아버지의 검을 차게 되었어. 검 이름은 '골통 물어뜯기'야."

엘라가 기뻐하며 말했다.

"하하, 축하해. 내 검 이름은 '죽음 판매자'야. 난 검 이름이 정말 마음에 들어."

"정말 멋진 이름인 걸. 이 검이 우리를 지켜주고 우리 땅을 넓혀줄 거야."

두 소년은 검을 보물 다루듯 만져보았다. 날카로운 검이 햇빛을 받아 번쩍 빛을 냈다. 검은 두 소년의 동료이자 친구와도 같

았다.

울프와 전사들은 그날도 전투에서 승리를 했다. 밤이 오자 전사들은 멧돼지고기를 구웠다.

"친구여, 뿔잔에 꿀술을 가득 붓자. 넘치게 부어 마시자."

울프와 엘라는 큰 소리로 외치며 술잔에 술을 가득 부었다. 둘은 술을 마시고 멧돼지고기를 먹으며 전투 노래를 불렀다. 다른 전사들도 먹고 마시며 모두 노래했다. 전사들의 노랫소리는 더욱 용기를 북돋아주었다.

"내일도 우리는 승리할 것이다!"

"와! 와! 와!"

멧돼지고기와 술이 다 떨어지자 울프와 전사들은 땅바닥에 그대로 쓰러져 잠이 들었다. 운이 좋으면 덤불에서 자기도 했지만 오늘은 땅바닥에서 자야했다.

이따금 두 소년은 늙은 음유시인이 들려주는 이야기들에 푹 빠졌다. 음유시인은 용맹한 전사가 기적같이 공을 세운 이야기, 숲속의 난쟁이와 꼬마 요정에 대한 이야기, 마법 전사 베오른에 관한 이야기를 들려주었다.

"베오른이 룬 문자로 된 주문을 읊조리면 아무리 강한 순풍을 받고 달리는 적함이라도 꼼짝 못하지. 또 노잡이들이 힘껏 노를 저어 달리는 적함도 순식간에 멈춰 세울 수 있어. 활에서 발사되어 날아가는 화살도 중간에 멈춰 세울 수 있단다."

"와 굉장하다."

두 소년이 감탄하면 음유시인은 나지막하게 말했다.

"마법에 대항하는 싸움은 소용없는 짓이야."

늙은 음유시인은 책 한 권을 갖고 있었다. 그는 그 책을 '복'이라고 불렀다. 왜냐하면 책이 너도밤나무(복)로 만들어졌기 때문이다. 마치 작은 나무판처럼 보이는 그 책에는 신기한 글자들이 새겨져있었다.

음유시인이 그 글자들에 대해 설명해 주었다.

"th는 산사나무(thorn)를, i는 얼음(ice)을, a나 ac는 참나무(oak)를, H가 옆으로 누운 듯한 工는 싸락눈이나 우박(hail)을, ×는 사람을 뜻하지."

하지만 두 소년은 글자들을 잘 구분하지 못했다. 색슨족의 왕과 백작들도 자신의 이름을 글로 쓸 줄 몰랐다. 그들은 자기 이름을 몇 가지 부호나 기호로만 표시했다. 이런 풍습으로 인해 오늘날 우리가 서명을 하는 것이다.

울프 시대에는 종이도 없었다. 파피루스도 없었다. 그래서 몇 장의 양피지에 지도를 그리거나 중요한 전투 내용을 기록할 뿐이었다.

색슨족은 라틴어를 잘 몰랐지만 모든 양피지 책의 내용은 라틴어로 기록했다. 그래서 색슨족은 지금 우리가 사용하는 2,300개나 되는 영어 단어들을 남겼다. 오늘날 우리가 대화할 때 사용하는 영어 단어들의 4/5는 앵글로색슨계 단어들이다. 파더(아버지), 마더(어머니), 브라더(형, 오빠, 남동생), 시스터 (언니, 누나, 여동생), 차일드(어린이), 하우스(집), 선(태양, 해), 문(달), 데이(날, 낮), 나이트(밤)와 같은 단어들과 요일들에 대한 단어들을 포함해 수천 개나 된다.

울프는 바로 이렇게 영어를 사용하는 사람들의 조상인 것이다. 울프의 동료들 덕분에 브리타니아는 잉글랜드가 되었다. 색슨족이 앵글족을 흡수해서 앵글족, 앵글사람들, 잉글리쉬맨이라고 불렸기 때문이다.

잉글랜드를 알기 위해 꼭 알아야 할 역사 상식

헨기스트

브리타니아는 영국 브리튼 섬에 대한 고대 로마시대의 호칭이다. 브리타니아는 로마의 지배를 받고 있었다. 로마 군대가 브리타니아를 철수하면서 켈트족의 족장이었던 보르티게른이 브리타니아의 왕이 되었다(로마 군대가 철수하고 왕이 없었다는 설도 있다).

로마 군대가 떠나니 북쪽에 살던 야만족 픽트족과 스코트족이 로마에 동화된 켈트족을 공격하기 시작했다. 보르티게른은 픽트족과 스코트족의 침입을 막기 위해 색슨족에게 구원을 요청했다.

구원 요청을 받은 헨기스트는 3척의 배에 용병을 태우고 브리타니아에 상륙했다. 브리타니아에 정착한 색슨족은 북쪽의 침입군인 픽트족, 스코트족과 싸우면서 차츰 고향의 친척들을 불러들였다. 그리곤 남쪽 땅을 차지하기 위해 오히려 켈트족을 공격했다.

아더왕의 전설은 켈트족이었던 아더왕이 색슨족과 싸우는 이야기다. 켈트족은 싸움에서 밀려나 멀리 척박한 북쪽 지역에 정착했고 색슨족은 브리타니아 남부에 정착하게 되었다.

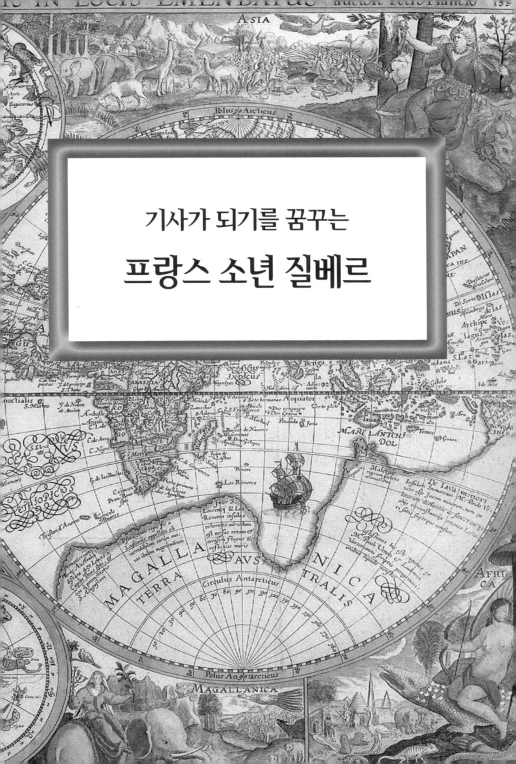

기사가 되기를 꿈꾸는
프랑스 소년 질베르

국왕폐하!
저는 기사도의 모든 것을 아오니
저를 폐하의 기사로 삼으소서!

여섯째 역에서는 어떤 소년들을 만날까? 이 역에서는 기사가 되기 위해 열심히 노력하는 기사 견습생들을 만나 보자. 기사도라는 말이 있을 정도로 기사는 예의범절을 중요하게 여긴다. 소년들은 전투 기술과 예의범절을 함께 배운다. 저기 소년들이 있다.

소년들이 성 안마당에서 기마창술 수업을 받고 있다. 기마창술은 말을 타고 달리며 창으로 과녁을 찌르는 것을 말한다. 과녁은 투박하게 만들어진 인형이고, 그 인형의 한 손에는 곤봉이, 다른 손에는 방패가 달려 있다. 그 인형은 말뚝 위쪽 회전판에 부착돼 있어서 쉽사리 회전할 수 있다.

귀, 발테, 조프레, 로베르 같은 소년들뿐 아니라 더 어린 소년 위도 기마창술을 연습하고 있다.

"이랴!"

조프레가 한 손으로 창을 단단히 움켜쥐었다. 그리곤 윗몸을 앞으로 숙인 자세로 과녁을 향해 씩씩하게 말을 몰아갔다. 조프레는 창으로 인형의 방패를 정확히 타격한 후, 그대로 말을 몰아 출발선으로 돌아왔다.

"조프레, 잘했다."

부관 기사가 칭찬했다.

로베르도 역시 창으로 과녁을 정확히 타격하고 돌아왔다. 세 번째로 발테가 조랑말을 타고 달려 나갔다. 하지만 한가운데를 명중시키지 못하고 빗맞히자 인형이 빙그르르 돌았다.

"아얏!"

인형이 핑 돌면서 곤봉으로 소년을 때렸다. 발테는 기가 죽어 머리를 푹 숙이고 돌아왔다.

"발테, 넌 벌써 적에게 죽은 셈이야. 정신 차려라!"

부관 기사가 호통을 쳤다. 하지만 다음에는 발테도 명중해서 칭찬을 받았다.

해 질 녘의 붉은 햇빛이 높은 성탑과 두꺼운 성벽 곳곳에 뚫린 작은 창문들을 비출 때까지 소년들의 수업은 계속되었다. 작은 창문들은 햇빛을 받아 멀리서도 반짝거렸다. 수업이 끝나자 소년들은 창문들을 신기한 듯 바라보았다.

"저 창문들은 마치 작은 태양 같아."

"유리 창문은 언제 봐도 멋져."

얼마 전까지도 창문을 만들 때 기름종이를 썼었다. 그 무렵부터 새롭고 진귀한 유리를 사용했는데, 소년들은 특히 신기해했다.

다음 날, 성주의 아내인 마르가레 부인이 성채의 본관 출입문을 초조하게 서성였다. 부인은 자신의 아들이자 기사 견습생인 발테를 급히 불러 말했다.

"발테, 너는 매의 눈을 가졌으니 북쪽 성탑의 성가퀴에 올라가서 성주님의 깃발이 보이는지 살펴봐라. 전쟁터에서 귀환하실 때가 되었는데……."

발테는 허리를 숙여 정중히 인사하고 나선형으로 만들어진 좁다란 성벽 돌계단을 뛰어올라갔다. 발테는 북쪽 성탑의 성가퀴에 올라섰다. 성곽 밖에 펼쳐진 들판과 숲 너머로 멀리 이어지는 큰길과 굽이치는 강의 여울을 유심히 바라보았다.

그때, 강여울 바로 옆 숲길에서 투구가 번쩍였다. 곧이어 창과 방패에서 반사되는 어렴풋한 빛도 보였다.

"성주님께서 오십니다!"

소년은 큰소리로 외쳤다. 그리고 재빠르게 안마당으로 내려와 소년은 어머니의 발치에 무릎을 꿇고 말했다.

"성주님께서 하얀 자갈이 있는 강여울을 이미 통과하셨으니 해가 지기 전에 이곳에 도착하실 것입니다."

"발테, 고맙구나. 이젠 동료들에게 돌아가렴."

마르가레 부인이 환하게 웃으며 말했다. 그리곤 곧장 본관 연회실로 가서 집사와 부관 기사를 불러 지시했다.

"기사들을 위해 피로연을 준비하세요. 기사들이 몹시 배가 고 플 테니 음식을 충분히 준비하도록 하세요."

기사들은 창에 깃발을 높이 달고 돌아오고 있었다. 말발굽 소 리가 숲의 정적을 깨우고 개선의 나팔 소리가 성문으로 이어지 는 언덕길까지 울려 퍼졌다. 보초병이 성문 앞에 세워진 도개교 를 내려 해자 위에 가로놓았다. 굵은 빗장을 풀고 성문을 활짝 열었다. 그러자 기사들이 방패를 부딪치며 말에 박차를 가해 성 안마당으로 들어왔다.

"성주님, 무사히 귀환하신 것을 축하드립니다."

성 안의 사람들이 무릎을 꿇고 인사했다. 마르가레 부인도 기 쁨에 넘치는 얼굴로 살짝 무릎을 굽혀 인사했다. 성주 롤랑 경 이 미소를 지으며 말했다.

"이번에 큰 승리를 거두었소."

"수고하셨습니다. 얼른 갑옷을 벗고 연회장으로 가세요."

성주 롤랑 경 뒤에는 질베르가 조랑말을 타고 서 있었다. 질 베르는 한 손으로는 고삐를 쥐고 한 손으로는 말 안장 앞쪽에 있는 롤랑 경의 투구를 잡고 명령을 기다렸다.

롤랑 경이 질베르에게 말했다.

"질베르, 저 잉글랜드 소년을 너의 선생님 발드뱅에게 데려다 주어라. 그러면 발드뱅이 저 소년에게 숙소를 알려주고 필요한 물품을 모두 내어줄 것이다."

"예, 알겠습니다."

롤랑 경은 바로 곁에 있는 금발의 미소년에게 말했다.

"에드워드, 너는 질베르를 따라가거라. 너의 아버지는 싸움엔 졌지만 영웅이시다. 영웅의 아들인 너는 나의 성에서 환영을 받으며 안전하게 지낼 수 있을 게다."

하지만 소년은 대답도 하지 않고 고개를 숙이고 있을 뿐이었다.

"어서 가자. 에드워드."

질베르는 서둘러 에드워드를 데리고 안마당의 가장자리로 갔다. 그곳에는 성주의 늙은 부관 기사 발드뱅과 기사 견습생들이 모여 있었다.

"부관 기사님, 이 소년의 이름은 에드워드입니다. 롤랑 경은 어제 에드워드의 아버지 리처드 브리토 경을 포로로 붙잡았습니다. 리처드 경은 롤랑 경에게 아들 에드워드를 볼모로 맡기고 아들의 몸값을 가지러 잉글랜드로 돌아갔습니다."

성주의 부관 기사이자 기사 견습생들의 선생님이기도 한 발드뱅은 잉글랜드 소년을 따뜻하게 맞이했다.

"너의 운명은 하느님만이 아실 것이다. 숙소는 북쪽 성탑에 있는 질베르 숙소를 같이 쓰면 될 게다. 지금은 바로 질베르와 함께 식사 준비를 돕도록 해라."

그동안 발테와 조프레와 귀는 기사들의 무거운 투구와 갑옷을 벗겨주느라 바빴다. 이들 기사 견습생들의 대부분은 기사의 아들들이었다.

연회실은 커다랗고 기다란 직사각형 모양의 방이었다. 연회실 벽면에는 태피스트리가 걸려 있었다. 거기엔 사람과 동물들, 탑들과 나무들, 성채와 사슴 사냥꾼 등이 아름답게 수놓아져 있었다. 작은 창문들 위에는 기사들의 방패와 깃발이 가지런히 걸려 있었다.

날이 어두워지자 연회실 곳곳에 횃불이 밝혀졌다. 연회실 중앙엔 기다란 식탁 한 개가 놓이고, 식탁 한쪽 끝으로는 연단이 놓였다. 연단에는 짧은 식탁 한 개가 기다란 식탁과 직각을 이루며 맞닿아 있었다. 연회실은 부드러운 불빛과 그림자들이 어우러져 무척 따뜻해 보였다. 하인들은 풀잎을 바닥에 흩뿌렸다. 기사들이 연회실로 들어설 때마다 풀잎은 발에 밟혀 향기를 진하게 내뿜었다.

하인들이 식탁 위에 접시와 포도주 병을 올려놓았다. 접시마다 두껍게 자른 빵을 하나씩 담고, 수프 접시 옆에는 '기사의 빵'이라 부르는 거죽이 딱딱한 작은 빵을 하나씩 놓았다. 멧돼지고기와 사슴고기를 비롯한 각종 구운 고기들도 차렸다.

연회실에 들어선 기사들은 계급대로 의자에 앉았고, 발치엔 그들의 애완견이 앉거나 옆으로 드러누웠다.

기사 견습생들은 각자 기사 한 명씩을 맡아 옆에서 포도주를 따르거나 고기를 자르며 시중을 들었다. 질베르와 에드워드도

옷과 몸에 묻었던 먼지를 재빨리 털어낸 후 각자 시중을 들었다.

그러는 사이에 두 처녀가 은으로 된 접시를 들고 와서 기사들 앞에 하나씩 놓았다. 그 접시에는 구운 공작새가 한 마리씩 담겨 있었다. 공작새들은 길고 눈부신 꼬리 깃털과 화려한 깃털에 감싸여 마치 살아있는 것처럼 보였다. 공작새 구이를 요리할 때는 먼저 깃털 달린 가죽을 조심스럽게 벗겨내고 속살만 구운 다음, 벗겨둔 가죽으로 구운 고기를 감쌌다. 두 처녀는 기사들에게 공작새 구이가 담긴 접시를 모두 차려준 뒤, 가장 아름다운 접시를 성주의 식탁에 올려놓았다.

그 순간, 하프 소리와 함께 백발의 음유시인이 노래를 부르기 시작했다. 음유시인은 옛 기사들의 공훈을 기리는 노래를 불렀다. 노래는 어제 롤랑 경이 거둔 용감한 승리에 대한 찬양으로 마무리되었다.

피로연이 끝나자 에디트 부인이 질베르를 불렀다. 질베르는 여덟 살도 되기 전에 에디트 부인을 자신의 여주인으로 선택했고 영원히 충성하기로 맹세했다.

"질베르, 네가 이번 전쟁에서 어떤 모험을 했는지 궁금하구나. 이야기해주지 않으련."

"롤랑 경의 용기는 정말 대단했어요. 물론 다른 기사들도 용감하게 싸웠고요. 우리는 각자 자신의 임무에 충실했기에 승리한 것입니다, 부인."

질베르가 겸손하게 말했다. 그러자 에디트가 환하게 웃으며 말했다.

"롤랑 경께서 너를 많이 칭찬하더구나. 네가 임무를 훌륭히 완수했다고 말이야. 그분께서 사용하던 창이 부러졌을 때 네가 위험을 뚫고 새로운 창을 가져다주었다며? 네가 없었다면 잉글 랜드 기사인 리처드 브리토를 생포하지 못했을 거라고 하셨어. 위험 속에서 용감한 사람이 진짜 훌륭한 사람이지. 진짜 위험은 겁쟁이가 되는 위험뿐이란다."

칭찬을 들은 질베르는 부인께 정중히 감사의 인사를 했다.

"질베르, 이번에 볼모가 된 잉글랜드 소년을 데려오너라."

질베르는 에드워드를 찾으러 여기저기 돌아다녔다. 에드워 드는 창문 아래 구석진 곳에 있었다. 에드워드는 얼굴을 찌푸린 채 두 기사가 나누는 이야기를 듣고 있었다.

수염을 기른 기사가 말했다.

"저 녀석의 생사여부는 리처드 브리토에게 달려있지. 기사가 한 번 내뱉은 말은 절대 파기될 수 없는 약속이야. 그러니까 저 녀석의 가족이 녀석을 구하기 위해 노력할 거야."

다른 기사가 말했다.

"그건 그렇고 여드레 정도 지나면 에버하드 브레익스피어 경 이 기마창병 200명을 이끌고 이 성을 공격할지 모른대. 우리가 그들을 막으려면 성문을 걸어 잠그고 진을 치고 있어야 할 거야."

질베르는 에드워드의 어깨를 툭 치며 말했다.

"에드워드, 여기서 뭐해? 내 여주인인 에디트 부인께서 너를 보자고 하신다. 같이 가자."

에드워드는 말없이 질베르를 따라나섰다. 에디트 부인은 온화하고 친절한 표정으로 두 소년을 맞이했다.

"에드워드, 생클레르 성에 온 것을 환영한다. 전쟁의 여신은 너를 우리와 함께 지내도록 했구나. 나는 네가 집으로 돌아가기 전까지 기사가 되는 훈련을 받았으면 한다. 그러면 기죽지 않고 지낼 수 있을 거야. 부관 기사 발드뱅의 보살핌을 받으며 훈련을 받도록 하여라. 그런데 기사 훈련을 받으려면 이 성의 부인들 중 한 명을 여주인으로 선택해서 섬겨야 한단다. 네 여주인을 선택해보렴."

에드워드는 에디트 부인을 똑바로 쳐다보며 말했다.

"저는 저의 어머니를 섬깁니다! 저는 어머니를 사랑하므로 다른 누구도 섬기지 않을 것입니다."

"그렇게 무례하게 말하다니! 너는 의무감 때문에 어머니를 섬기지. 하지만 여주인을 섬기는 건 그것과는 다른 거야. 여주인은 사랑의 마음으로 섬겨야 하지.

저쪽에서 기사들 이야기를 듣고 있는 부인들이 보이지? 저 부인들 중 한 분을 여주인으로 섬기도록 해라. 너를 칭찬해주고 충고해 줄 여주인이 있어야 한다. 그렇지 않으면 네가 기사 훈련을 받기는 힘들 거다. 그렇지 않다면 이 성에서 도대체 무얼 하려고 그러니?"

이 광경을 기사들 사이에 있던 마르가레 부인이 안타까운 표정으로 바라보고 있었다. 에드워드는 얼굴을 잔뜩 찌푸린 채 할 수 없이 부인들 쪽을 바라보았다. 순간, 마르가레 부인과 눈이 마주쳤다. 에드워드는 마르가레 부인의 따뜻한 눈길에 마음이 놓였다. 에드워드는 작게 한숨을 내쉬며 말했다.

"질베르, 저기 수놓은 옷을 입은 부인에게 나를 데려다줘. 내가 여기에 머물 동안 저분을 섬기겠어."

질베르는 에드워드를 마르가레 부인에게 데려갔다. 부인은 에드워드를 미소로 맞이했다.

"에드워드, 무슨 일이지?"

"저는 당신을 저의 여주인으로 섬기겠습니다."

마르가레 부인이 기뻐하며 말했다. "나도 네가 나의 기사가 되었으면 했단다. 정말 기쁘구나. 에드워드, 나를 따라 오너라."

부인은 애완견 그레이하운드의 목줄을 에드워드에게 맡겼다. 에드워드는 개를 데리고 부인을 모시고 나갔다. 그리곤 한참 후 연회실로 되돌아왔다.

기사들은 피로연을 마치고 연회실 근처에 모여 전투에 대한 이야기를 나누었다. 청년 기사 라닐프는 이야기 도중 류트를 연주하면서 노래를 불렀다. 그 노래는 라닐프가 말을 타고 푸른 숲속을 지나면서 에디트 부인을 떠올리며 지은 노래였다. 짧은 노래였지만 부인을 찬양하는 아름다운 노래에 모두 감동을 받았다.

노인 기사 귀 경도 전투에 대한 이야기를 듣느라 자리를 뜨지 않았다. 귀 경은 이제 늙고 약해서 전투에 참가할 수 없었다. 그래서 그런지 궁금한 게 더 많았다.

"궁전에서 온 새로운 소식은 없는가?"

제라르 경이 대답했다.

"귀 경, 국왕 폐하께서는 이번에 각 귀족들에게 명하셨습니다. 각자의 영지에 있는 큰길을 해 뜰 녘부터 해 질 녘까지 안전하게 감시하라고요. 그리고 폐하의 명을 이행하지 않아 귀족의 영지에 도적들이 출몰하게 되면 그 귀족의 위신이 추락할 거라고도 말씀하셨습니다."

그러자 베르나르 경이 말했다.

"하지만 폐하께서 저희에게 하명하신 대로 큰길을 안전하게 지키려면 다른 일을 할 시간이 거의 없을 겁니다."

기사들은 큰길을 지키는 문제로 이야기를 나누었다. 소년들은 기사들의 이야기를 듣느라 시간 가는 줄 몰랐다. 어둠이 깊어지자 소년들은 북쪽 성탑에 있는 숙소로 돌아와 깊은 잠에 곯아떨어졌다.

다음 날 아침, 질베르는 성당에 가기 전에 에드워드에게 성을 구경시켜 주었다. 성벽이 성의 중요한 건물들을 둘러싸고 있고, 그 성벽을 '해자'라는 넓고 깊은 도랑이 둘러싸고 있었다. 해자를 건너 성에 들어오는 사람은 먼저 자신의 신분을 밝혀야 했다. 신분이 확인되면 도개교가 해자 위에 놓여 성에 들어올 수 있었다. 질베르가 해자를 가리키며 말했다.

"우리 성은 적의 침입을 막기 위해 해자를 깊고 넓게 팠어."

"우리 성도 그래!"

에드워드가 질세라 큰 소리로 말했다.

"너희 성도 적이 함부로 침입할 수 없겠구나."

"물론이지."

두 소년은 이번엔 망루탑들과 성 위에 쌓은 담들을 바라보았다. 적을 감시하기 위해 망루탑들은 하늘 높이 솟아 있었다. 또 성 위에 커다란 돌로 쌓은 담에는 구멍이나 홈통이 많이 뚫려 있었다. 바로 적을 공격하기 위한 구멍이었다.

"저번에 적들이 침략했을 때 우린 이 구멍으로 적들을 향해 펄펄 끓는 기름이랑 엄청나게 뜨거운 납물을 들이부었어."

질베르가 잔뜩 흥분해서 말했다.

"그런데도 적이 성문을 부수고 안마당으로 침입한 거야. 그땐 얼마나 놀랐는지. 우리 기사들은 나선형 돌계단에서 검과 단도와 도끼를 휘두르며 방어를 했어. 덕분에 성을 지킬 수 있었어."

질베르가 성벽 곳곳에 있는 나선형의 돌계단을 가리키며 말했다.

"이젠 안마당으로 가보자."

두 소년은 나선형 돌계단을 내려와 안마당으로 갔다.

"여기는 말들이 쉬고 여물을 먹는 마구간, 그 옆은 성주의 부하 기사들과 부관 기사가 기거하는 숙소, 그 옆은 전쟁터나 마상 시합에 출전하는 기사들이 무장하고 말에 안장을 채우는 대기실이야."

성은 사람들의 주거지이자 공격에 대비한 방어용 성채이고 요새였다. 그래서 적들의 공격에 대항해 수개월 동안 성안을 지키며 성을 방어한 기사들의 이야기도 많이 전해오고 있었다.

"늦겠다. 빨리 성당으로 가야 해."

질베르의 말에 두 소년은 서둘러 성에 있는 작은 성당으로 갔다. 얼마 후, 기도가 시작되었다. 먼저 가톨릭 주교가 라틴어로 쓰인 아침 기도문을 낭독했다. 그러자 기사들과 부인들, 소년들 모두 돌바닥이나 비단 방석에 무릎을 꿇고 주기도문과 아베마리아를 거듭 암송했다.

소년들은 자신이 섬기는 부인으로부터 그 기도문을 배웠다. 부인들은 기도문을 가르쳐주면서 이렇게 말했다.

"위기 때는 언제나 이 기도문을 생각해라. 그러면 용기를 회복할 수 있을 거야."

기도문 덕분에 소년들은 '하느님을 위해, 그리고 나의 부인을

위해' 맡은 바 임무에 최선을 다할 수 있었다.

성당 예배와 아침 식사를 마친 부인과 기사들은 매 사냥을 하기로 했다. 에디트 부인이 질베르에게 말했다.

"내 회색 송골매를 가져오너라."

"예, 부인."

질베르는 송골매의 머리에 황금색 깃이 달린 붉은 두건을 씌운 후, 자신의 팔뚝에 앉혀 데리고 왔다.

각자 여성용 말에 올라탄 부인들과 군마를 탄 기사들이 승마용 길을 따라 강변으로 내려갔다. 길가에는 농토가 펼쳐져 있었다. 빵을 굽는 커다란 화덕이 있었고 개울가에는 물레방앗간도 있었다. 성주의 영지에서 살아가는 모든 농민은 성주의 농토를 경작하고 성주의 화덕에서 빵을 굽고 성주의 물레방앗간에서 곡식을 찧어야 했다.

어린 농부들이 농토에서 수확을 하고 있었다. 그들은 가죽 끈으로 허리를 동여맨 채 윗도리만 걸치고 있었다. 맨다리가 그대로 드러나 있고 신은 나막신이나 가죽신을 신었다. 얼굴엔 칙칙하고 텁수룩한 머리카락이 드리워져 있었다. 그런 반면에 기사 견습생들은 값비싼 옷을 깔끔하게 입고 좋은 신발을 신고 있었다. 하지만 농사를 짓는 소년 농부들이나 팔뚝에 송골매를 앉히고 가는 기사 견습생 소년들이나 모두 똑같은 종족에 속했다.

기사와 부인들, 기사 견습생들이 즐겁게 웃고 떠들며 강변으로 가는 사이, 강변둑길 근처의 갈대밭에는 왜가리 한 마리가 있었다. 왜가리는 아침으로 먹을 물고기를 잡느라 강물 속을 조용히 노려보고 있었다. 그때 사람들의 웃음소리와 말발굽 소리를 듣고 화들짝 놀라 날개를 퍼덕이며 날아올랐다.

왜가리는 주변을 둘러보다가 이내 안심하고 다시 물고기를 잡는 데 열중했다. 에디트 부인이 하얀 손을 흔들어 질베르에게 신호를 보냈다. 질베르는 송골매의 머리에 씌운 붉은 두건을 벗긴 후, 송골매를 하늘 높이 날려 보냈다. 기사들과 부인들은 고개를 들어 송골매를 바라보았다.

송골매는 왜가리를 급습하기 위해 하늘 높이 치솟았다. 창공으로 치솟았던 송골매가 이번엔 무서운 속도로 급강하하더니 강력한 발톱과 부리로 왜가리를 잡아 단숨에 죽였다.

"질베르, 미끼로 매를 불러들여!"

에디트 부인이 소리쳤다. 질베르는 허리에 차고 있던 미끼를 흔들며 송골매를 향해 길고 날카로운 휘파람을 불었다. 송골매는 휘파람 소리를 듣자마자 곧바로 날아와서 질베르의 팔뚝에 앉았다. 송골매는 그 휘파람 소리가 자기를 칭찬하고 귀여워하는 소리라는 것을 잘 알았다. 송골매는 질베르가 주는 미끼용 고깃덩이를 맛있게 뜯어먹었다. 질베르는 송골매의 머리에 다시 붉은 두건을 씌웠다. 송골매는 오전 동안 꽤 많은 새들을 사냥했다.

사냥이 끝나자 질베르 일행은 즐겁게 웃고 떠들며 성으로 돌아왔다. 질베르는 안마당 구석에서 무기를 만드는 늙은 병기공에게 갔다. 노인은 흥얼거리며 검을 날카롭게 벼리고 창을 뾰족하게 갈고 있었다.

"이건 제 아버지가 쓰시던 검이 아니에요? 골랑."

"그렇단다. 네 아버지가 사용하던 '모르글레'라는 검이란다. 질베르, 너는 글을 읽을 줄 아니?"

"예, 알아요. 피에르 주교님께서 「시편」에 나오는 글을 읽는 법을 저에게 가르쳐주셨어요."

"그러면 이 검에 새겨진 좌우명을 읽어보아라. 그건 언젠가는 너의 좌우명이 될 테니까 말이야."

질베르는 검 손잡이에 새겨진 좌우명을 처음에는 약간 떠듬거리며 읽다가 곧바로 '하느님과 나의 권리를 위해'라고 또박또박 읽었다.

"이 검은 오랫동안 임무를 훌륭히 수행해왔단다. 이 검의 날은 많은 이교도들을 저승으로 보냈고 이 검의 손잡이는 그들의 명복을 비는 십자가로 사용되었지."

노인은 잠시 생각에 잠겼다가 다시 말했다.

"네 아버지가 부하를 거느리고 출정할 수 있는 기령 기사였을 때 나는 네 아버지를 곁에서 보필했어. 그때는 네가 태어나기 전이었지. 그리고 국왕 폐하께서 잉글랜드인들을 상대로 결전을 벌이기 직전이었어.

네 아버지는 창병 100명을 이끌고 국왕 폐하의 진영으로 달려갔지. 그분의 창엔 삼각형 깃발이 달려 있었어. 네 아버지는 국왕 폐하께 그 깃발을 바치면서 '폐하, 하명하소서'라고 말했단다. 폐하께선 칼로 그 깃발의 모서리 부분을 잘라내고 남은 사각형 깃발을 네 아버지에게 돌려주셨어. 그리곤 삼각형 깃발 대신 사각형 깃발을 들고 선봉에서 싸우라고 명하셨지."

"골랑, 이야기 해주셔서 감사해요. 저도 아버지처럼 꼭 용감한 기사가 될 거예요. 이제 연회장으로 가봐야 해요."

질베르는 재빨리 연회장으로 달려갔다. 그리고 만찬용 식탁을 차리는 걸 도왔다.

만찬이 끝나자 롤랑 경은 페르시 경과 체스를 두었다. 질베르와 에드워드는 부인들에게 불려 발코니로 갔다. 부인들은 발코니에 앉아 늙은 음유시인을 조르고 있었다.

"제발 진정한 사랑과 명예에 관한 이야기를 들려주세요."

음유시인은 손가락으로 하프 줄을 튕겼다. 잠시 동안 은은한 하프 소리가 발코니에 울렸다. 음유시인은 잔잔한 웃음을 머금은 채 노래를 부르기 시작했다.

그 노래는 서로 사랑하는 여인과 기사의 이야기였다.

아름다운 공주가 용에게 납치되었어요.

용은 공주를 높고 튼튼한 성탑에 감금했어요.

그녀를 사랑하는 기사는 용감하게 그녀를 구출하러 갔어요.

기사는 온갖 위험과 싸웠어요.

마지막엔 불을 뿜는 용과 싸웠어요.

기사는 용을 물리치고 공주를 구출했어요.

공주와 기사는 결혼했어요.

부인들은 용에게 납치되었다는 부분에서는 탄식을 했다. 구출했다는 부분에서는 웃으며 박수를 쳤다. 이야기가 끝나자 부인들이 말했다.

"아, 저런 기사를 만난다면 얼마나 좋을까?"

"내가 저런 공주라면 얼마나 좋을까?"

부인들은 한숨을 폭 내쉬고는 음유시인에게 망토 한 장, 은화 한 닢, 포도주 한 병을 주었다.

마르가레 부인이 에드워드에게 말했다.

"에드워드, 잉글랜드에도 용감한 기사들과 아름다운 여인들이 있다고 들었어. 너도 류트를 연주하면서 사랑 노래나 무공을 찬양하는 노래를 부를 수 있겠지? 발테, 에드워드한테 너의 류트를 가져다주어라."

발테가 에드워드에게 류트를 건네주었다.

"부인, 그럼 잉글랜드의 노래를 들려드리겠습니다."

에드워드는 류트를 연습 삼아 잠시 튕겨 보더니 곧 류트를 연주하며 노래하기 시작했다.

아름다운 잉글랜드 여인이 있었어요.
햇살은 칼라일 성벽을 밝게 비추었어요.
그 여인은 스코틀랜드의 기사와 결혼했을 거예요
그때까지도 사랑이 모두를 지배했으니까요.

에드워드가 노래를 마쳤다. 마르가레 부인이 감동받은 표정으로 에드워드를 바라보며 말했다.

"사랑은 바다 건너에서도 모두를 지배하는구나. 내가 음유시인이 노래한 이야기에 담긴 진정한 기사도를 가르쳐줄 테니 잘 들어라. 진정한 기사는 굳건한 발, 근면한 손, 방심하지 않는 눈, 결연한 의기를 가져야 한단다."

그 순간 발코니로 들어선 롤랑 경이 근엄하게 말했다.

"그리고 하느님과 자신의 부인을 위해 모든 것을 바쳐야 하지."

소년들은 모두 그 말을 가슴 깊이 새겼다.

질베르와 에드워드는 다음 날부터 소년들과 함께 기마창술을 연습하기 시작했다. 소년들은 창을 잘못 다루는 것을 제일 수치스럽게 여겼다. 소년들은 열심히 연습해서 과녁용 방패를 점점 더 정확하고 강하게 타격할 수 있게 되었다.

"빨리 전쟁터에 나가서 적들과 싸우고 싶어. 그동안 열심히 연습했으니 분명 승리할 수 있을 거야."

"물론이지. 전쟁만 터지면 바로 출격할 거야."

소년들은 연습하며 자신의 실력을 보여주고 싶어서 안달이 났다.

그러던 어느 날이었다. 전령 한 명이 급히 와서 단단히 봉인된 편지 한 통을 질베르에게 주었다. 질베르는 그 편지를 재빨리 롤랑 경에게 갖다 주었다.

롤랑 경은 편지 봉투의 봉인을 유심히 바라보았다. 그리곤 조심스럽게 봉인을 뜯더니 주교를 불렀다.

"나는 성직자가 아니오. 이 편지를 읽어보시오."

주교가 편지를 읽었다.

대주교님께서 대수도원장 아담과 그분의 동료와 함께 교구를 둘러보고 계시는데 오늘 귀공과 함께 오찬을 하시면서 귀공의 노고를 치하하고자 합니다. 대주교님께서는 또한 귀공께서 육성하시는 열두서너 살짜리 소년들 모두가 대주교님 앞으로 나와 클레르몽 종교회의에서 제정된 서약을 하기를 원하십니다.

롤랑 경은 곧바로 답장을 써서 전령에게 주었다. 전령은 말을 타고 급히 성을 떠났다. 성에서는 한바탕 소동이 벌어졌다. 부엌과 연회실도 분주해졌다.

"우리가 대주교님 앞에서 서약을 해야 한대. 빨리 연습하자."

질베르, 귀, 조프레는 긴장된 표정으로 맡은 임무를 몇 번이나 반복해서 연습했다.

정오가 되기도 전에 대주교 일행은 성으로 들어섰다. 성주와 부인은 일행을 정중히 맞이했다.

하인들은 연회실에 향기로운 풀잎을 새로 뿌렸다. 거위고기를 구워 값비싼 접시에 담아 식탁을 차렸다. 또 은으로 된 접시에 갓 구운 밀빵 덩어리, 적갈색 사과, 구워서 말린 자두, 복숭아와 몰타에서 수입한 무화과를 담아 식탁에 올렸다. 기사 견습생 중에서도 고기를 가장 잘 써는 질베르가 대주교의 시중을 들었다.

대주교 일행 중에는 세 명의 소년이 있었다. 세 명 중 두 명은 여덟 살도 채 되지 않아 보였다. 아름다운 곱슬머리 소년들은 귀와 발테처럼 화려한 옷깃이 달린 튜니카를 입고 있었다. 세 명 중에서 머리카락이 짧은 소년은 열두 살쯤 되어 보였다. 소년은 거친 옷감으로 만든 민무늬 회색 윗도리만 입고 있어 무릎이 다 드러났다. 하지만 소년은 농부처럼 보이지는 않았다.

질베르는 대주교의 시중이 끝나자 소년에게 다가가 물었다.

"넌 이름이 뭐야? 기사 견습생이 아니면 무슨 일을 하는 거니?"

"난 쉬제야. 난 농부의 아들인데 수도승께서 나를 대수도원으로 데려가서 공부시켜 주셨어. 난 글을 읽고 찬송가도 부를 줄 알아. 밀랍 발린 서판에 철필로 글을 쓸 수도 있고, 양피지에도 깃털 펜으로 글을 쓸 수 있어. 난 수도원에서 날마다 여러 가지 책들을 빨갛거나 파란 색 글씨로 양피지에 필사하고 있어.

내가 필사를 끝내면 수도실에 계시는 스테팡 수도승께서 필사한 것들을 가져가서. 그리곤 성자들과 천사들의 모습을 아름답게 그려 넣으셔. 나중엔 묶어서 책으로 만들지."

"넌 책 만드는 일을 하는구나. 나도 그런 책을 가져보고 싶어."

질베르가 부러운 듯 말했다.

"나도 책을 만들기만 하지 가질 수는 없어. 세상에서 책을 가질 수 있는 사람은 얼마 안 될 거야. 난 이제 다른 일을 하게 될 거야. 대수도원장을 수행하여 이곳에 왔지만 기사 견습생이 될 쌍둥이 형제를 보필해야 해. 앙리와 조프레는 불로뉴의 성주 외스타스 경의 아들이고 대주교님 조카야."

"쌍둥이 형제가 이곳에 머무른다는 소리야?"

"아마도."

그리곤 쉬제는 입을 다물었다.

대주교가 교구 순행 길에 나서기 일주일 전, 외스타스 경은 두 아들을 대주교에게 보냈다. 외스타스 경은 두 아들을 대주교에게 부탁하면서 이렇게 말했다.

"대주교님, 남쪽으로 순행을 가시면 두 아들을 오랜 친구이자 형제인 생클레르의 롤랑 경에게 데리고 가서 맡겨주십시오. 저의 두 아들이 롤랑 경의 성에서 주교님과 부관 기사의 가르침을 받으면 좋겠습니다. 특히 기사 견습생으로서 부인들의 보살핌을 받으며 기사도 교육을 받았으면 합니다.

오직 먹고 마시는 데 시간을 보내는 것은 부끄럽기 짝이 없는 일입니다. 이 아이들은 이제 여덟 살이지요. 그 나이에는 적어도 복종과 헌신이라는 의무를 배워야만 합니다. 그런 의무를 가장 잘 배울 수 있는 곳이 바로 생클레르일 것입니다."

대주교가 두 조카를 데려온 이유를 롤랑 경에게 설명해주었다. 롤랑 경은 두 소년을 받아들였다. 롤랑 경은 그렇게 함으로써 자신의 오랜 형제인 외스타스 경에 대한 자신의 우정을 표시했다.

대주교가 말했다.

"그러면 이제부터 신성한 클레르몽 종교회의에서 제정된 규칙대로 열두 살 남짓한 모든 기사 견습생을 예배당으로 불러주세요. 하느님의 소명을 받을 수 있도록 최초의 신성한 서약을 하도록 합시다."

롤랑 경은 기사 견습생 질베르, 귀, 샤를 백작의 아들 조프레를 예배당으로 불렀다. 소년들은 대주교 앞에 무릎을 꿇고 신성한 서약을 경건하게 여러 번 암송했다. 그것은 남편 잃은 부인과 부모 잃은 고아를 지켜주고 여자를 보호하며 여행자의 안전을 지켜주고 폭군을 응징하는 데 온 힘을 다하겠다는 서약이었다.

대주교는 서약을 마치자 소년들을 축복해주고 기도해 주었다.

"이 소년들이 하느님의 가호를 받아 서약을 지킬 수 있도록 더욱 강건해지기를 기도합니다."

당시에는 여자와 고아들이 제대로 보호받지 못했다. 그래서 그들을 보호해야 했다. 또 큰길에는 위험이 가득했기 때문에 여행자의 안전을 지켜줄 책임을 져야 했다. 사람들을 괴롭히는 폭군이 있다면 폭군도 응징해야 했다. 이런 일들은 기사가 마땅히 해야 할 일이었기 때문에 어린 기사 견습생들도 서약을 한 것이었다.

다음 날 아침, 대주교 일행은 성을 떠났다. 그런데 얼마 되지 않아 말을 탄 전령이 황급하게 성으로 들이닥쳤다. 전령은 무릎을 꿇고 숨을 헐떡이며 말했다.

"잉글랜드의 에버하드 브레익스피어 경이 기마창병 200여 명을 이끌고 지금 북쪽 강여울을 통과했습니다. 한 시간도 채 지나지 않아 성에 도착할 것입니다!"

"모두들 무장을 갖추고 자리를 지켜라!"

롤랑 경이 큰 소리로 명령을 내렸다. 그리고 바로 연회실에서 비상회의를 열었다.

"아무래도 우리 힘으로 기마창병 200명을 막아내기엔 역부족입니다. 몽텡 성에 지원군을 요청해야 합니다."

모두들 그 의견에 찬성했다.

"지원군을 요청하러 누구를 보내면 좋겠습니까?"

페르시 경이 물었다. 곰곰이 생각하던 롤랑 경이 대답했다.

"기사 견습생 질베르가 적임자이겠군. 그 아이는 빨리 달리고 또 개울에서도 말을 능숙하게 몰 줄 아니까 말이야. 그 아이에게 조랑말을 내주도록 하게."

질베르는 롤랑 경으로부터 임무를 받자 긴장되면서도 무척 기뻤다.

'드디어 서약을 지킬 기회가 왔어. 성주님의 영지에 밤낮을 가리지 않고 나타나는 용병들과 마주칠 수도 있겠지? 그들은 무장하지 않은 사람뿐만 아니라 무장한 기사들까지 마구 공격한다고 들었어. 하지만 난 임무를 완수해내고 말 거야.'

질베르는 스스로에게 용기를 북돋아주었다. 질베르는 꼭 필요한 것만 가지고 조랑말에 올라탔다. 질베르가 성의 뒷문을 조용히 빠져나가자 보초병은 곧바로 문을 닫고 빗장을 걸었다.

질베르가 떠나자 기사들은 커다란 돌덩이들, 엄청나게 뜨거운 납물과 펄펄 끓는 기름, 수많은 석궁들로 성을 방어하기 시작했다.

질베르가 성을 벗어나 숲 가장자리를 지날 때였다. 어디선가 수많은 말발굽 소리가 들려왔다. 질베르는 얼른 덤불 속으로 숨었다. 얼마 후, 적들이 나타났다. 그들은 번쩍이는 창을 든 채 생클레르 성채 쪽으로 달려가고 있었다.

"이힝……."

조랑말이 겁에 질려 울었다.

"쉿! 조용히 해."

질베르가 조랑말의 목덜미를 토닥이며 속삭였다.

"우린 아직 들키면 안 돼. 저들이 모두 지나갈 때까진 조용히 해야 돼."

드디어 적군이 모두 지나갔다. 질베르는 큰길로 나와 몽텡 성을 향해 재빠르게 달리기 시작했다. 길은 멀었고 조랑말은 서서히 지쳐갔다. 어느덧 해가 지면서 9월의 황혼도 서서히 어둠 속에 파묻혀갔다.

그때였다. 오른편 숲에서 무장한 기사가 흑마를 타고 불쑥 나타났다. 기사는 머리에 가벼운 철모밖에 쓰지 않았지만, 키는 엄청 컸고 말안장에는 무거운 몽둥이와 전투용 도끼가 걸려있었다. 삼각형 비단 깃발이 그가 들고 있는 기다란 창에서 나부꼈다. 그의 뒤엔 부하 기사가 그의 방패와 투구를 들고 있었다.

"기사님은 누구신가요?"

질베르는 두려움을 참고 당당하게 물었다.

"네가 묻기 전에 내가 먼저 물어야겠다. 기사 견습생아, 너는 어디로 그렇게 급히 달려가느냐?"

질베르는 조랑말에 박차를 가할 태세를 갖추고 조심스럽게 말했다.

"저의 성주님께서 시킨 심부름을 하러 갑니다."

"너의 성주님께서 너한테 무슨 심부름을 시켰는지 내게 말해 줄 수 있겠니?"

질베르는 말의 고삐를 더 꽉 쥐고 말했다.

"저는 몽텡 성의 성주님께 전해드릴 전언을 가져가는 중입니다. 그걸 다른 사람에게 알려줄 권한은 저에게 없습니다."

"너는 충직한 아이로구나. 네가 말할 수 없는 것에 대해서는 묻지 않겠다. 그런데 지금 이 길로 오면서 용병부대를 보지 못했느냐?"

"예, 봤습니다. 그들은 에버하드 브레익스피어 경과 200명의 용병들입니다."

"그들이 어느 쪽으로 갔느냐?"

"북쪽 생클레르 성을 향해 갔습니다."

"성에는 든든한 방어책이 필요하겠구나. 내가 그곳에 있었다면 성을 방어하는 일을 도왔을 게다. 나는 나의 형제를 죽인 용병들을 응징하기 전까지는 낮에도 밤에도 결코 쉬지 않겠다고 맹세했단다."

기사의 말에 질베르는 기사가 자신의 편임을 확신하고 말했다.

"기사님, 저는 지원군을 요청하기 위해 몽텡 성으로 가고 있습니다."

"그렇다면 용감한 소년아, 나도 너와 함께 몽텡 성으로 가겠다. 나는 위험이 부르는 모든 곳에서 모험과 명예를 추구하는 편력 기사지. 그곳에서 롤랑 경을 도우러 갈 지원군에 합세하겠다."

질베르는 편력 기사의 말에 기뻤다. 이제는 안전하게 임무를 수행할 수 있었다.

"나는 예전에 성지(예루살렘)를 탈환하기 위해 롤랑 경과 함께 십자군이 되어 전투에 참여했단다. 아름다운 마르가레 부인은 전쟁에서 돌아온 나를 반기면서 내 뺨에 난 칼자국을 어루만져주셨지."

"롤랑 경은 얼마 전에도 전투에서 승리하셨습니다. 마르가레 부인은 여전히 아름다우십니다."

질베르는 편력 기사에게 롤랑 경과 마르가레 부인 소식을 전해주었다. 그리고 일행은 힘껏 말을 몰아 무사히 몽텡 성에 도착했다. 성문 앞에서 편력 기사가 뿔 나팔을 불자 보초병이 쪽문을 열고 소리쳤다.

"이미 해가 졌는데 몽텡 성을 방문한 당신들은 누구요?"

"생클레르 성의 전령이요. 그리고 생클레르의 롤랑 경과 몽텡의 피츠아모 경의 옛 동지인 편력 기사요."

잠시 후, 도개교가 내려졌다. 질베르 일행은 도개교를 지나 성 안마당으로 들어갔다. 그곳에는 활활 타는 횃불들이 창과 방패를 비추고 있었다.

로베르 피츠아모 경이 아치 모양의 본관 문을 열고 나왔다. 그리곤 두 팔을 활짝 벌리며 말했다.

"오, 나의 친구. 어서 오시게."

편력 기사가 질베르를 피츠아모 경 앞으로 떠밀었다.

"너부터 용건을 말씀드려라. 충직한 전령은 가장 먼저 주인의 전언을 전할 권리를 가진 법이니까 말이다."

질베르가 피츠아모 경 앞에 무릎을 꿇고 말했다.

"생클레르의 롤랑 경께서 성주님을 모셔오라고 저를 보내셨습니다. 지금 에버하드 브레익스피어 경이 친척이자 생클레르의 배반자인 트리스탄 경을 구출하려 하고 있습니다. 용병 200명을 이끌고 이미 생클레르 성 가까이 갔습니다. 롤랑 경께선 옛날에 두 분이 하신 우정의 맹세를 기억하셔서 가급적 빨리 지원군을 보내주시기를 요청하셨습니다."

피츠아모 경이 놀라며 큰소리로 말했다.

"내가 그곳으로 가겠노라. 내일 정예 기마창병 100명을 거느리고 출발하겠다. 오늘 밤에 우리는 출정 준비를 할 테니 소임을 다한 충직한 전령은 음식으로 배를 실컷 채우고 푹 쉬도록 하라. 그래야 내일 우리와 함께 생클레르 성으로 돌아갈 수 있을 테니 말이다."

이번엔 편력 기사를 향해 말했다.

"나의 오랜 동지여, 그대를 보니 너무나 반갑구려. 이슬람교도들을 상대로 많은 전투를 함께 치른 나의 친구이자 동지여, 그대는 오늘 밤에는 나의 손님이 되고 내일은 나의 동지가 되겠구려.”

질베르는 그날 밤 저녁을 먹자마자 잠에 곯아떨어졌다. 그러나 다음 날, 해가 뜨기도 전에 일어나 생클레르로 먼저 출발했다.

해 질 녘이 되어서야 질베르는 생클레르의 숲에 도착했다. 적들은 아직도 숲에 머물고 있었다. 질베르는 조랑말을 숲 가장자리에 남겨두고 소리 없이 재빠르게 적진을 통과했다. 그리고 생클레르의 작은 샛문을 통해 성으로 들어갔다.

“성주님, 피츠아모 경께서 오늘 정예 기마창병 100명을 거느리고 출발하겠다고 하셨습니다.”

“오, 질베르야. 정말 잘했다. 너의 용감함은 길이길이 이 성에 전해질 것이다.”

롤랑 경은 기쁨에 차서 말했다.

그날 오후가 되자, 적진의 후방에서 함성 소리가 들렸다.

“몽텡! 몽텡!”

그 순간, 생클레르 성문이 활짝 열리고 기사들이 “생클레르! 생클레르!”라는 함성을 지르며 적진을 향해 돌격했다. 양쪽에서 벌이는 협공으로 에버하드 브레익스피어는 완전히 패배했다. 그리고 생클레르 성에서는 며칠간 승리의 연회가 열렸다.

다음 달에 기사들은 생클레르 성을 지켜낸 공로로 샬롱으로 당당히 행군해 가서 국왕에게 경의를 표했다. 아름다운 부인들은 리본이나 어깨를 가로질러 매는 띠인 현장을 선물했다. 기사들은 그것들을 창과 검에 달고 화려한 창술과 검술 솜씨를 선보였다. 기사들은 비단으로 만든 천막 안에서 매일 맛있는 음식을 먹으며 연회를 즐겼다.

그러던 어느 날이었다. 리처드 브리토 경이 볼모로 남겨두었던 아들을 찾으러 생클레르로 왔다. 브리토 경은 아들 에드워드가 다른 기사 견습생들과 함께 수업도 받고 마르가레 부인의 친절한 보살핌을 받으며 행복하게 생활해왔다는 것을 알았다.

"에드워드, 그동안 잘 지내서 다행이다."

브리토 경이 감격스러운 듯 말했다.

롤랑 경은 에드워드의 몸값 1만 크라운을 받고 에드워드를 내주었다. 에드워드는 브리토 경과 함께 사랑하는 어머니가 있는 잉글랜드로 돌아갔다. 그리고 그해 긴 겨울의 저녁마다 생클레르 성과 기사 견습생들에 관한 이야기를 형제들에게 들려주었다.

질베르는 앞으로 어떻게 될까? 어른이 되면 정식으로 기사가 될 것이다. 그날이 되면 질베르는 주교로부터 축복받은 검을 하사받고 성당 안에서 자신의 갑옷과 투구를 지키면서 밤을 샐 것이다. 그런 절차가 끝나면 질베르는 검으로 자신의 어깨를 한 번 툭 내려치는 의식과 함께 아버지 질베르 경이 지녔던 기사의 작위를 물려받을 수 있게 된다.

그 후부터 질베르는 용감한 기사로서 공을 쌓고 승리를 상징하는 화려한 문장을 자신의 방패에 그려 넣게 될 것이다.

중세 프랑스를 알기 위해 꼭 알아야 할 역사 상식

십자군 전쟁

롤랑 경을 비롯한 성주들은 중세 시대의 영주다. 중세 유럽은 주군과 봉신 관계로 이루어진 사회였다. 주군은 봉신에게 영토를 주고 봉신은 주군을 위해 군사적인 의무를 다해야 했다. 이 관계는 왕으로부터 최하 말단 기사에 이르기까지 피라미드처럼 주종관계를 맺고 있었다.

이들이 참가한 십자군 전쟁은 셀주크 투르크족이 크리스트 교의 성지인 예루살렘을 장악하면서 시작된다. 서유럽 크리스트교 국가들은 성지 순례자들을 박해한다는 이유로 예루살렘을 탈환하기 위해 대규모로 십자군을 보냈다. 그러나 사실 십자군 전쟁은 성전이라는 명분으로 예루살렘 지역의 영토를 확장하려는 의도가 포함된 전쟁이었다.

십자군은 참가한 기사들이 가슴과 어깨에 십자 표시를 했기 때문에 붙여진 이름이었다. 전쟁은 1095년부터 1291년까지 간헐적으로 계속되었다. 전쟁 중 십자군은 크리스트교를 믿지 않는 사람들을 대량 학살하고 약탈하고 강간했다. 이 무시무시한 전쟁은 긴 시간을 끌었지만 이슬람의 승리로 끝났다.

하지만 십자군 전쟁으로 인해 교황권이 쇠퇴하고 동방과의 무역길이 열려 상공업이 발달하게 되었다. 뿐만 아니라 봉건 영주의 세력은 약화되고 왕권이 강화되었다.

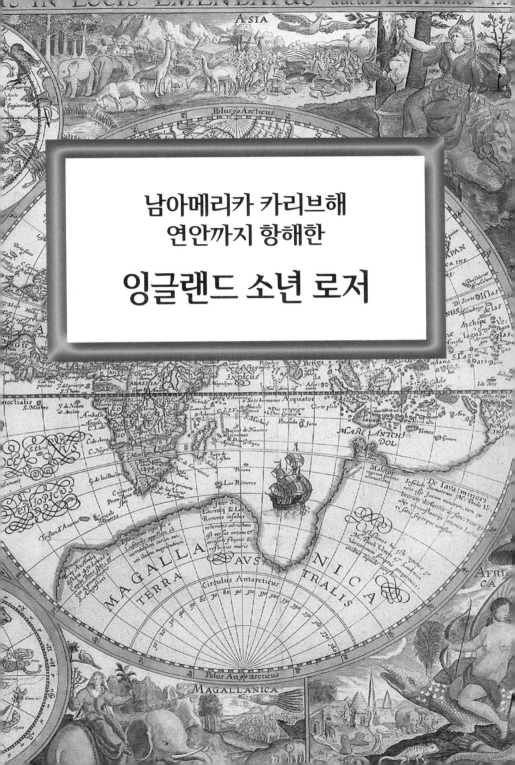

남아메리카 카리브해
연안까지 항해한

잉글랜드 소년 로저

세계는 넓어서 여행할 곳이 많다.

우리는 기사 견습생인 소년들을 떠나 이제 일곱 번째 역에 도착했다. 이번에 우리가 만날 소년은 꿈 많은 잉글랜드 소년이다. 소년이 무언가를 열심히 하고 있다. 무슨 일을 하고 있는 걸까? 소년을 만나 보자.

크리스마스 전날, 로저는 정말 바빴다. 낮에는 소년들과 교회 마루에 골풀 뿌리는 일을 도왔다. 해가 지자 숲에서 잘라 온 크리스마스 트리를 정성껏 장식했다. 그러고도 일은 끝나지 않았다. 숲의 참나무에서 따온 겨우살이를 들보에 걸어서 장식했다. 그때 앨리스 누나가 교회로 들어오며 말했다.

"겨우살이는 현관에 걸어야지. 교회에 오는 사람들이 다 겨우살이 밑을 지나도록 해야 한단 말이야."

"알았어, 알았다고."

할 수 없이 소년들은 겨우살이를 들보에서 걷어내 현관에 걸었다. 크리스마스 전날은 그렇게 바쁘게 지나갔다.

드디어 크리스마스 날 아침이 되었다. 로저는 재빨리 목사관으로 뛰어갔다. 담쟁이덩굴로 뒤덮인 오래된 교회에 아침 햇살이 환히 비추고 있었다. 친구들도 한두 명씩 모여들었다. 아이들이 다 모이자 목사가 흰 가발을 쓰고 두터운 실내복을 입고 현관으로 나왔다.

"자, 이제 시작하자."

잭의 말에 따라 소년들은 캐럴을 불렀다.

나는 입항하는 배 세 척을 봤어요,

크리스마스 날, 크리스마스 날에,

나는 입항하는 배 세 척을 봤어요,

크리스마스 날 아침에.

저 배 세 척이 함께 목적지에 닿기를 기원하나요?

크리스마스 날, 크리스마스 날에,

저 배 세 척이 함께 목적지에 닿기를 기원하나요?

크리스마스 날 아침에.

오, 저 배들은 베들레헴으로 입항했어요,

크리스마스 날, 크리스마스 날에,

오, 저 배들은 베들레헴으로 입항했어요,

크리스마스 날 아침에.

그래서 세상의 모든 종이 울릴 거예요,

크리스마스 날, 크리스마스 날에,

그래서 세상의 모든 종이 울릴 거예요,

크리스마스 날 아침에.

그러니까 우리 모두 열렬히 기뻐해요,

크리스마스 날, 크리스마스 날에,

그러니까 우리 모두 열렬히 기뻐해요,

크리스마스 날 아침에.

로저는 특히 '저 배 세 척이 함께 목적지에 닿기를 기원하나요?'라는 부분에서 절로 소리가 높아졌다. 이 부분을 부를 때면 로저는 꿈꾸듯 아득한 표정이 되었다.

노래가 끝난 후, 소년들은 교회로 가서 아침 예배에 참석했다. 예배가 끝나자 소년들은 놀 궁리에 빠졌다.

"우리 뭐 하며 놀까?"

"그, 글쎄……."

로저가 말을 얼버무렸다.

"너 또 항구에 가려는 거야?"

샘이 불만 가득한 목소리로 말했다.

"난 노는 것보다 항구에 있는 게 더 좋아. 먼 바다랑 배들을 보고 있는 게 훨씬 재미있단 말이야."

"로저, 넌 내 친구지만 정말 이상해. 어쨌든 난 아이들과 놀 거야."

샘은 친구들과 함께 가버렸다. 로저는 혼자 플리머스 항구로 달려갔다. 플리머스 항구의 선박들은 에스파냐나 아프리카로, 혹은 더욱 먼 아메리카 해변으로 출항하거나 그런 곳에서 플리머스 항구로 돌아오는 선박들이었다.

로저의 아버지도 상선 여러 척을 가지고 있었다. 그 상선들은 레반트(동인디아)의 벨벳, 비단 옷감, 금실로 짠 옷감, 향수와 향신료, 러시아의 모피를 플리머스 항구로 실어왔다.

지난주에는 소형 돛배 '데인티'호가 남아메리카 대륙에서 설탕과 담배뿐만 아니라 봄에 파종할 감자를 가득 싣고 도착했다. 월터 롤리 경은 아버지에게 감자에 대해 설명해 주었다.

"이 작물은 밤처럼 달콤하지요. 게다가 재배하기 쉽기 때문에 잉글랜드와 아일랜드 토양에서도 잘 자랄 겁니다."

남아메리카 대륙도, 감자도 로저에겐 새롭고 가슴 설레는 이름이었다. 하지만 로저는 하루 종일 바다에만 있을 수 없었다. 로저는 아직도 학생이었다. 로저는 매일 아침마다 책가방과 서

판을 가지고 학교로 갔다.

'난 학교에 다니기보다 대양을 누비고 싶어. 새로운 대륙을 발견하고 에스파냐인들을 상대로 해전을 벌이면 얼마나 신날까? 진주와 황금을 배에 가득 싣고 고향으로 돌아오는 바다 사나이가 되고 싶어!'

하지만 로저는 친구들과 기다란 나무 의자에 줄지어 앉아 학교 수업을 들어야 했다.

로저보다 어린 학생들은 각자 글자판을 보면서 글 읽기를 연습했다. 그 글자판은 종이 한 장으로 만들어진 교과서였다. 종이에는 알파벳 대문자와 소문자가 세로 방향으로 서너 줄씩 적혀있고, 그 밑에는 주기도문이 가로 방향으로 적혀있었다.

단어와 주기도문이 적힌 종이는 작은 나무 액자에 끼운 다음, 그 위에 소나 양의 뿔을 아주 얇게 여러 장 잘라 붙여 덮었다. 이렇게 종이를 투명한 막으로 덮으면 쉽게 찢기거나 젖지 않았다. 그리고 나무 액자에 구멍을 뚫고 끈으로 고리를 만들어 글자판을 허리띠에 차거나 목에 걸 수 있게 만들었다.

로저는 긁힌 자국이 많고 칠이 벗겨진 책상에 두 턱을 괴었다. 생각에 잠긴 로저에게 샘이 속삭였다.

"저 모래 시계가 언제쯤 다 내려가지? 휴, 빨리 수업이 끝났으면 좋겠다."

"정말이야. 그러면 바다에 얼른 가볼 텐데."

로저가 샘의 말에 맞장구를 쳤다. 선생님이 갑자기 학생들을 노려보았다.

"누구냐? 떠든 사람이!"

선생님은 책상에 걸터앉아서 회초리를 휘둘렀다. 순간, 교실엔 숨소리조차 들리지 않았다.

"다시 떠들면 회초리로 맞을 줄 알아."

선생님은 다시 수업을 시작했다. 로저는 문법, 읽기, 쓰기뿐만 아니라 라틴어도 배웠다. 라틴어를 가르치면서 선생님은 이렇게 말했다.

"교양인이 되려면 라틴어를 배워야 한다. 너희는 다행으로 알아라. 라틴어는 예전에 귀족만 배울 수 있었거든."

로저는 글자판 읽기를 마치고 문법책을 배웠다.

"이 문법책은 헨리 8세가 반포했고 에드워드 6세 시대까지 사용한 문법책이다. 여왕 엘리자베스 1세는 이렇게 선포했지. '모든 교사는 다른 무엇보다도 이 문법책을 가르쳐야 한다'라고 말이야. 문법책을 배운 다음에는 엘리자베스 1세 여왕의 공덕을 기리는 라틴어 시들을 읽어야 한다. 시를 통해 너희들은 충성심을 배울 수 있을 게다."

선생님은 이렇게 말했지만 로저는 라틴어 공부가 지루하기만 했다.

'세계 일주 항해를 한 프랜시스 드레이크 경은 라틴어를 전혀 배우지 않았어도 잉글랜드에서 가장 위대한 사람이 되었어. 라틴어 공부가 항해술을 가르쳐주지도 않는데 꼭 공부해야 할까?'

하지만 이야기책은 재미있었다. 로저는 요즘 『현명한 장관 일곱 명』(신밧드의 책)을 더듬거리며 겨우 다 읽어냈다. 덕분에 로저는 영어로 쓴 간단한 이야기책들을 읽을 수 있게 되었다. 로저는 산수도 배웠는데 항해를 하게 되면 지리도 배우게 될 것이다.

로저는 공부는 썩 잘하지 못했지만 이야기들을 많이 알고 있었다. 친구들은 가끔 수업이 끝나면 로저에게 이야기를 해달라고 졸랐다.

"어떤 이야기를 해줄까? 아서 왕과 원탁기사들? 아니면 사우샘턴의 베비스 경 이야기는 어때? 로빈 후드 이야기는 정말 신나지? 무법자 애덤 벨 이야기, 계곡의 클라임 이야기, 클라우즐리의 윌리엄 이야기도 재미있는데."

로저가 신나서 말했다.

"아서 왕과 원탁의 기사들 이야기를 해줘!"

샘이 외쳤다. 샘은 특히 아서 왕과 원탁의 기사들 이야기를 좋아했다. 이야기가 끝나자 샘이 말했다.

"자, 이제 이야기가 끝났으니 우리 놀자."

"싫어. 난 항구에 가서 배를 구경할 거야. 나랑 같이 항구에 가자."

하지만 샘을 비롯한 다른 친구들은 모두 고개를 젓고는 자기

들끼리 가버렸다. 로저는 또 항구로 혼자 달려갔다.

'존 형은 드레이크 경과 함께 진짜로 세계 일주를 했어. 카리브 해를 항해하기도 했지. 나도 형처럼 꼭 카리브해를 항해할 거야.'

로저는 갖가지 선박을 보느라고 시간 가는 줄 몰랐다.

"앗, 저건 프랑스 보르도에서 포도주를 운반해 오는 쌍돛대 범선이다. 저건 스헬데강에서 오는 소형 외돛대 범선이야. 저 배들은 영국해협으로 청어를 잡으러 가는 선박들이고."

로저는 그 선박들이 어디서 와서 어디로 가는지 대충 알았다. 그리고 배들이 수평선 너머로 사라질 때까지 지켜보았다. 로저의 바다에 대한 환상과 동경심은 그 선박들을 따라 아득한 수평선 너머까지 이어졌다. 이번엔 대양을 항해하는 범선이 항구를 떠나려 하고 있었다.

'저 배는 예전에 카리브해 연안에 있는 남아메리카에서 에스파냐인들을 상대로 해전을 치르기도 했다지. 저 범선을 타고 온 세계를 항해하면 얼마나 좋을까! 그런데 카리브해를 에스파냐의 바다라고 부르는 것은 정말 싫어.'

로저는 아버지와 했던 대화가 생각났다.

"카리브해를 '에스파냐의 바다'라고 부르지. 그 이유는 단 하나야. 에스파냐인들이 카리브해를 에스파냐 바다라고 부르기 때문이야. 에스파냐인들이 힘이 세니 할 수 없이 에스파냐 바다라고 부를 수밖에. 프랑스 왕은 그게 못마땅해서 '짐은 그 바다

가 에스파냐인들의 바다라는 것을 믿기 전에 먼저 세상 모든 인간의 아버지이신 아담의 뜻을 알고 싶노라'고 말했단다."

"우리가 힘을 기르면 잉글랜드의 바다라고 부를 수 있겠네요."

"당연하지."

아버지는 로저의 말에 껄껄 웃으며 대답했다.

로저는 범선 중에서 여덟 살 때 본 골든힌드호를 잊을 수가 없었다. 로저의 형이 바로 골든힌드호를 타고 먼 길을 떠났고 골든힌드호를 타고 무사히 집으로 돌아왔던 것이다. 집에 돌아온 형은 어느새 건장한 사나이가 되어 있었다. 존 형은 로저에게 며칠이고 골든힌드호에 대해 이야기해주었다.

"우리는 골든힌드호를 타고 전 세계를 다 돌았어. 드레이크 선장은 정말 힘도 세고 용감한 분이야. 그분과 함께 우리는 광대한 태평양을 가로질러 동인디아의 말라카 해협을 통과했어. 그 다음 멀리 희망봉을 돌아서 다시 잉글랜드로 돌아온 거야. 그 배에는 사금, 은, 진주, 에메랄드, 다이아몬드가 잔뜩 실려 있었지. 그 보물들은 드레이크 선장이 1년 전에 페루에서 스페인으로 항해하는 에스파냐의 대형 군함과 싸워 차지한 전리품이야. 나도 그때 죽을 뻔 했지만 이렇게 살아 돌아왔지."

이야기를 들을수록 로저는 존 형이 존경스러워졌다. 존 형은 또 남아메리카 원주민, 열대지방의 과일과 동식물, 황금과 진주에 관한 이야기도 해주었다. 이야기에 양념처럼 곁들여지는 이야기도 무척 재미있었다.

"에스파냐인들이 얼마나 잔인한 줄 아니? 그들은 바다건 육지건 섬이건 가리지 않고 잔인하게 행동해. 힘없는 원주민들도 인정사정 보지 않고 정복하지. 게다가 우리 잉글랜드가 대서양을 횡단하지 못하게 금지했어. 그 이유는 신대륙을 콜럼버스가 발견해 에스파냐 국왕한테 바쳤기 때문이야."

로저는 대서양을 횡단하지 못 하게 한다는 사실에 화가 났다.

"하지만 바다는 세상 모든 사람이 자유롭게 통행할 수 있는 길이라고 배웠어, 형."

"그렇지. 그러니까 에스파냐를 혼쭐을 내줘야 한다고."

형이 오른쪽 주먹을 내지르며 말했다. 할아버지가 이야기를 듣다가 끼어들었다.

"애들아, 내가 소년이던 시절에는 아무도 감히 수평선 너머까지 항해할 수 없었단다. 왜냐하면 그 시절 사람들은 세상의 끝인 수평선을 지나면 끝없이 추락한다고 생각했거든. 그 시절에 과연 누가 육지의 끝 너머 서쪽에 정어리들을 뺀 모든 것이 다 있다고 믿었겠니? 허허허."

"정말이에요? 그럼 아무도 바다에 나가지 않았단 말이에요?"

"물론이지. 그런데 지금 시대 사람들은, 그러니까 모든 유럽 사람들은 말이야, 서쪽의 신대륙으로 가려고 난리지. 그토록 많은 선장과 항해자들이 온갖 위험을 감내하면서도 미지의 바다를 항해하고 싶어 하지. 처음 만나는 야생인들도 무서워 않고 말이야. 요 꼬맹이, 너도 가고 싶어 난리잖아?"

이렇게 말하며 할아버지는 너털웃음을 터뜨렸다. 이번에는 존 형이 말했다.

"할아버지, 무엇보다 카리브해로 가고 싶어 하는 사람들이 제일 많아요. 선원들은 남아메리카에서 가져온 접시를 가득 싣고 가는 에스파냐 선박과 만나길 기도해요. 카리브해에서 그들과 한바탕 해전을 치루고 싶어 하지요. 저도 다시 바다로 떠날 거예요. 이번에도 에스파냐 선박과 마주쳤으면 좋겠어요."

로저는 에스파냐인과 카리브해에 온통 사로잡혔다. 거친 바다 사나이들을 보다가 신사를 보면 로저는 멋은 있지만 나약하다는 생각이 들었다. 하지만 친구인 샘은 길거리에서 신사들을 볼 때면 눈을 떼지 못했다.

"벨벳 모자 좀 봐. 정말 부드러워 보이지 않아? 털옷은 정말 따뜻할 것 같아. 게다가 황금 장식과 보석들이 달려서 엄청 멋있어.

나도 크면 저렇게 곱슬곱슬한 머리카락을 어깨까지 기르고 리본으로 묶고 싶어. 양쪽 귀 뒤에는 장미꽃을 꽂고 바지는 트렁크호스를 입고. 저분처럼 소맷자락이 트이고 주름진 레이스가 달린 벨벳 겉옷을 입으면 얼마나 멋질까? 허리에는 검을 차고 말이야."

샘은 이렇게 말했다. 하지만 그런 옷은 귀족만 입을 수 있었다. 그래서 샘은 실컷 구경만 하고는 깊은 한숨을 내쉬었다.

로저와 샘은 가끔 월터의 이발소, 머리 장식 가게, 간판에 바늘이 그려진 양복점을 구경했다. 길거리에는 장사꾼들도 있었다. 그들은 신기한 상품을 진열해놓고는 행인에게 팔았다.

로저는 농부의 아이들도 가끔 만났는데 그 아이들은 황갈색의 소박한 옷을 입고 있었다. 농부들은 그런 옷만 입도록 법률로 정해져있다는 것을 로저도 알고 있었다. 만약 농부나 상인이 벨벳 모자를 쓰기라도 하면 법률은 곧바로 그 모자를 벗겨버릴 것이었다.

오늘도 로저는 거리 구경을 실컷 하곤 저녁이 다 돼서야 집으로 돌아왔다.

"왜 그렇게 매일 늦니?"

어머니가 못마땅해서 말하자 할아버지가 로저 편을 들어주었다.

"어린 시절엔 밖에서 실컷 뛰어노는 게 당연한 거야."

"아버님도, 참."

어머니는 더 이상 잔소리도 못하고 구운 소고기와 양고기, 사슴고기로 식탁을 차렸다.

"어머니, 감자는 한 번밖에 못 먹었는데 언제 다시 먹어요?"

"감자는 아직도 귀하단다. 하지만 앞으로는 감자를 실컷 먹게 될 거야. 이제 시범적으로 심기 시작할 거니까."

아버지가 대답했다. 그러자 할아버지가 로저를 향해 말했다.

"감자란 것도 먹어보고. 참 좋은 때구나. 그리고 우리 때는 나무로 만들어진 접시를 사용했는데 이제는 금속으로 만들어진 접시를 사용하니 좋은 때지, 암."

"그래도 저는 그릇 중에 단풍나무로 만들어서 은박으로 테를 두른 접시가 제일 마음에 들어요. 마치 무늬가 새의 눈처럼 보이거든요."

로저가 말했다.

"맞아, 멋진 그릇이지. 그런데 다른 나라에서는 포크라는 것을 사용해서 식사를 한다는데 정말이냐? 아들아."

"어차피 먹는 습관은 나라마다 다른 거예요. 그런데 어떤 외국인이 '잉글랜드 모든 사람의 손가락이 깨끗하지 못하니 참으로 유감스럽다'고 말했다더군요. 남의 나라 사람들이 어떻게 먹든 무슨 상관이람!"

아버지는 화가 난 듯 에일을 벌컥벌컥 들이켰다.

식사가 끝나고 할아버지는 로저를 데리고 2층으로 올라갔다. 2층 문간방 앞에는 노아의 방주처럼 보이는 커다란 상자가 놓여있었다. 참나무로 만들어진 그 상자는 무척이나 낡아 보였다. 할아버지는 로저를 옆에 앉히고 상자를 열었다.

"이 보물 상자는 내 할아버지가 사용했고 할아버지의 할아버지도 사용했어. 언제부터 썼는지는 나도 모른단다.”

“정말 오래된 보물 상자네요. 할아버지, 이 옷감은 정말 아름다워요.”

로저가 상자 속 옷감을 만지며 말했다.

“이 옷감들은 정말 귀한 거란다. 물론 보석과 은잔, 에스파냐산 세공품들도 마찬가지지. 여기 있는 에스파냐 은화는 세계의 무역에 사용되니 꼭 필요한 화폐지.”

할아버지가 보물 상자를 닫으며 말했다.

“너도 언젠가 바다로 나가서 보물들을 가져오겠지? 그리고 이 상자에 보물을 가득 채워 넣을 거라고 할아버지는 믿는다.”

“예, 할아버지, 꼭 그렇게 할 거예요.”

로저는 보물 상자를 두드리며 자신 있게 말했다.

그러던 어느 날이었다. 샘이 헉헉거리며 로저에게 달려왔다.

“로저, 어느 궁정장관이 블루라이언 선술집에 있대. 궁정장관은 말을 타고 런던에서 출발해 여기까지 온 거래. 얼른 구경 가자.”

로저는 샘과 블루라이언 선술집으로 달려갔다. 블루라이언 선술집에는 커다란 회전 간판이 달려있었는데, 그 간판에는 신기한 푸른 사자(블루라이언)의 모습이 그려져 있었다.

궁정장관은 의자에서 맥주를 마시고 있었다. 그런데 주머니에서 무언가를 꺼내서 쳐다보았다.

"아, 저게 회중시계구나."

로저는 해시계는 보았지만 회중시계는 처음 보았다. 로저는 신기해서 한참이나 조그맣고 동그란 회중시계를 뚫어질 듯 바라보았다. 궁정장관이 회중시계를 주머니에 넣자 로저는 아쉬운 마음으로 집으로 돌아왔다.

로저는 등하굣길에는 항상 블루라이언 앞으로 지나다녔다. 왜냐하면 그곳에는 궁정장관처럼 귀한 손님이 있거나 에스파냐 함대와 해전을 치른 무용담을 주고받는 사나이들이 있었기 때문이다. 또 중국과 교역하기 위해 항해에 관한 경험담을 주고받는 선장들도 볼 수 있었다. 로저는 그런 사람들 이야기에 쏙 빠져 시간 가는 줄 몰랐다.

한번은 어떤 선장이 지도를 사람들에게 보여주며 말했다.

"이건 아프리카 지도야. 콜럼버스를 안내하던 뱃사람이 지도를 그렸는데, 그 지도를 베껴 똑같이 그린 거지. 조금 복잡하지만 정말 재미있는 지도야. 성곽과 선박들, 낯선 사람과 동물들, 해안선과 하천이 기묘하게 뒤섞여 있잖아. 잘 봐. 여기 한 귀퉁이에 아프리카라고 써 있다고."

로저는 그 지도를 보면서 생각에 잠겼다.

'황금 옷을 입은 황제가 그 땅에 진짜로 있을 거야. 내가 아프리카에 가면 황제를 만나야지. 저번에 본 동인디아와 서인디아 제도로 가는 바닷길들이 그려진 해도도 멋졌어. 그건 커다랗고

하얀 뿔을 얇게 잘라서 붙인 막에 그려진 것이었지. 배를 타고 그 길도 꼭 가볼 거야.'

로저의 마음속에서 꿈은 점점 커지고 결심은 더욱 단단해졌다.

그러던 중 사이먼 존슨이라는 한 항해사를 알게 되었다. 그 항해사는 블루라이언 출입문 밖에 있는 긴 의자에 앉아 에일을 마셨고, 그럴 때마다 로저에게 온갖 신기한 이야기들을 들려주곤 했다.

"넌 인어랑 용이 있다고 믿니? 난 인어와 용들을 진짜로 보았단다. 정말 무시무시하지. 다행히 난 마노 구슬 한 개를 항상 가슴에 품고 다녔어. 마노 구슬이 나를 지켜주거든. 치명적인 독사에게 물렸을 때도 그 마노 구슬 덕분에 목숨을 구했지. 한번은 세바스티안 카보트와 함께 엄청 독이 강한 독사들이 득실거리는 라플라타강 유역을 탐험했어. 그때도 나는 마노 구슬이 나를 지켜줄 거라고 믿었지. 그래! 마노 구슬 덕분에 난 이렇게 살아 있는 거야."

로저는 이야기에 빠져들었다. 로저가 학교에 가서 샘에게 사이먼 이야기를 해주면 샘은 이렇게 말했다.

"인어가 세상에 있을 리 없잖아. 게다가 용이라니? 세상에 용은 없어."

"하지만 사이먼 존슨은 용과 인어를 진짜로 봤다던데. 그러니까 진짜로 있는 거야."

샘이 절대 믿지 않자 로저는 샘을 사이먼 존슨에게 데려갔다.

"사이먼, 용과 인어는 정말로 있지요?"

"맞아, 용과 인어를 내 눈으로 똑똑히 보았지. 그때 나는 남태평양을 항해하고 있었어. 그런데 갑자기 노란색 머리카락이 바다에 떠서 너울거리는 거야. 인어의 머리는 마치 우리를 유혹하듯 바다에서 불쑥 솟았다가 잠기기를 거듭했어. 겁에 질린 에스파냐 죄수가 손으로 허공에 십자가를 긋더니 자신을 구원해달라고 수호성인들에게 기도하기 시작했어.

하지만 우리는 그저 넋이 나가서 인어를 바라보기만 했지. 나는 점점 바다에 뛰어들고 싶은 마음이 강하게 들기 시작했어. 하지만 꾹 참았지. 우리는 인어가 우리 눈앞에서 사라질 때까지 그 인어한테서 눈을 떼지 못했어. 인어는 사라졌어도 노란 머리카락은 계속 바다에 떠서 너울거리며 우리를 끝까지 유혹했단다."

샘은 사이먼에게 직접 이야기를 듣자 곧바로 사이먼의 이야기를 믿기 시작했다. 샘만이 아니라 다른 친구들도 사이먼의 이야기에 빠져 그 이야기들을 사실로 믿었다.

그러던 어느 날, 블루라이언에서 한 선장이 입으로 불을 내뿜으며 떠들어댔다.

"난 머리 없는 인간과 날아다니는 용을 보았지. 암, 틀림없이 보았다고."

소년들은 겁이 나면서도 신기한 광경에 선장 입만 쳐다보았다. 로저가 물었다.

"진짜 용처럼 불을 내뿜고 있어요. 어떻게 입에서 불이 나오죠?"

옆에서 사이먼이 낄낄 웃으며 말했다.

"애들아, 저건 진짜 불이 아니라 담배가 내뿜는 연기란다. 담배는 아메리카에서 가져온 거야."

소년들은 그제야 안도의 한숨을 내쉬었다.

어느새, 로저가 가장 좋아하는 5월이 다가왔다. 5월은 모든 생명들이 활짝 피어나는 계절이었다. 5월은 부드럽고 따뜻한 바람으로 대기를 가득 채웠다. 로저는 따뜻한 바닷바람을 실컷 들이켰다.

5월의 첫날엔 가족이 모두 일찍 일어났다.

"오늘은 현관을 아름답게 장식하도록 하자."

아버지 말에 어머니가 노래하듯 흥겨운 목소리로 말했다.

"산사로는 현관을 장식하고 화환으로는 5월의 기둥을 꾸며요."

5월의 첫째 날에는 마을 사람들 모두가 마을에 있는 나무 기둥을 장식했다. 장식을 끝낸 5월의 기둥은 마치 아름답게 피어난 꽃나무 같았다.

그날은 로빈 후드가 탄생하는 날이었다. 청년들은 몇 개월에 걸쳐 개최된 활쏘기 대회에 참가하여 실력을 겨루었다. 5월의 첫날, 드디어 마지막 대회가 열렸다. 키가 크고 체격이 좋은 청년이 마지막 승자가 되었다.

"와, 로빈 후드가 탄생했다. 활을 쏘는 걸 보면 진짜 로빈 후드 같아요."

로저가 외치자 아버지가 말했다.

"저 청년은 오늘의 오월을 평생 잊지 못할 거다. 진짜 로빈 후드가 된 느낌일 거야. 벌써 로빈 후드 역할을 하고 있잖니?"

로빈 후드는 진정한 5월의 제왕이었다.

"저기 봐. 5월의 공주야. 정말 아름답지 않아? 리틀 존과 수도사 터크도 나왔어."

어머니는 5월의 공주를 보더니 감탄을 했다.

또 무릎과 팔꿈치에 딸랑거리는 방울을 매단 모리스 춤꾼들, 그 춤꾼들이 타는 목마들, 괴성을 내지르는 용의 모형도 등장했다. 그러자 소년들은 오래된 전투용 함성을 질렀다.

"즐거운 잉글랜드를 위한 세인트(성) 조지!"

아버지가 이야기를 좋아하는 로저에게 해마다 그렇듯 세인트 조지에 대해 이야기해주었다.

"옛날에 시레나란 나라가 있었단다. 그 나라엔 사악한 용이 살았는데 젊은이들을 제물로 요구했어. 왕은 할 수 없이 젊은이들을 제물로 바쳤어. 젊은이들을 다 바치자 공주까지 바쳐야 했지. 용이 공주를 잡아먹으려 할 때 말을 타고 창을 든 젊은이가 용을 향해 달려들었어. 그 사람이 바로 성 조지였단다. 그는 십자가를 한 손에 들고 한 손으로는 창을 들어 용의 머리를 찔러 죽였어. 우리는 그래서 성 조지를 수호성인으로 모시는 거란다.”

그렇게 5월의 축젯날은 흥겹게 지나갔다.

그리고 세인트존의 축제일이 다가왔다. 로저는 축제 전날 밤에 친구들과 함께 양치식물의 포자를 채집했다. 요정 전설에는 오직 세인트존의 축일 전날 밤에만 양치식물이 포자를 퍼뜨린다고 전해지고 있었기 때문이다.

‘이 포자를 가지면 내 모습이 친구들에게 보이지 않을 거야.’

그래서 로저는 친구들에게 말도 하지 않고 열심히 포자를 모았다. 로저는 요정도 진짜로 있다고 믿었다.

어느 날은 친구들과 드넓은 들판과 구릉지를 산책하다가 반지 모양으로 둥글게 자라나는 버섯을 발견했다.

“애들아, 이 반지 모양은 요정들이 만든 거야. 한밤중이면 둥글게 모여서 춤을 추는 요정들 말이야.”

친구들이 말했다.

“아냐, 그건 그냥 땅에서 자라난 버섯이야.”

“봐, 버섯들도 요정처럼 춤추는 것처럼 보이잖아. 요정이 아니라면 어떻게 이렇게 만들 수 있겠어?”

로저의 말에 어떤 친구들은 로저의 말을 비웃었지만 어떤 친구들은 요정이 있다고 믿기도 했다.

축제가 끝난 어느 날이었다.

"로저야, 이번에 아버지와 함께 여행을 가도록 하자. 이번 여행길은 네가 세상을 배우는 출발점이 될 거야. 경험보다 더 좋은 공부는 없으니까 말이야."

"정말이요?"

로저는 기뻐서 팔짝팔짝 뛰었다. 로저는 아직 말을 몰 줄 몰라서 말을 모는 하인 뒤에 타고 가야 했다. 런던까지 가는 동안 로저와 아버지는 엑시터와 토튼 같은 오래된 도시의 여관에서 잠을 잤다. 플리머스를 떠난 지 엿새째 되는 날 저녁 무렵에야 런던에 도착했다. 런던은 로저가 사는 곳과는 달리 도로가 포장되어 있어서 다니기 편했다. 또 가로등이 곳곳에서 밤거리를 환히 밝히고 있었다.

로저와 로저 아버지는 '벨새비지'라는 유명한 여관에 묵었다. 여관의 맞은편, 아치형 문 위에는 활짝 펴진 돛을 단 범선 모형이 놓여 있었다. 그 돛에는 '잉글랜드의 상업, 잉글랜드의 상인들은 잉글랜드의 여왕을 섬기고 존경하노라'는 문구가 적혀있었다. 그곳에서 묵는 동안 로저에게 일생일대의 행운이 주어졌다. 바로 가장행렬이 벌어진 것이다.

"이 가장행렬은 엘리자베스 여왕과 왕족들도 구경하는 유명한 행렬이란다. 국내는 물론이고 해외의 상인들까지 참여하지. 여왕님은 가장행렬을 구경하려고 웨스트민스터 궁전에서 전용 유람선을 타고 강을 거슬러 내려오신단다. 곧 여왕님이 나타나실 게다.”

아버지 곁에 서서 가장행렬을 구경하던 로저는 여왕이 나타나자 다른 사람들처럼 모자를 벗어들고 도로에까지 들릴 만큼 우렁차게 외쳤다.

“여왕님, 만세!”

여왕은 백마들이 끄는 마차에 앉아있었다. 여왕은 엄청나게 주름이 많은 옷깃이 달린 옷을 입고, 보석들이 주렁주렁 달린 머리장식을 쓰고 있었다. 아치 모양의 문 밑에서 여왕은 잠시 마차를 멈추고 가장행렬이 지나가는 것을 구경했다.

그때였다. 로저보다 조금 작아 보이는 소년이 여왕 앞으로 달려와서 무릎을 꿇었다. 소년의 옷은 외국의 낯선 지역을 연상시키는 깃발들과 진귀한 무늬들로 장식되어 있었다.

“여왕님, 가장행렬이 다 지나갈 동안 행렬에 등장하는 인물들을 소개할 기회를 주십시오.”

여왕은 얼굴에 미소를 지으며 허락했다.

소년은 뛸 듯이 기뻐하며 행렬의 선두에서 걸어가는 중국인을 먼저 소개했다.

“여왕님, 이 사람은 중국인이고 이 물건들은 중국에서 온 것입니다.”

중국인은 중국산 물건들을 여왕이 잘 볼 수 있게 펼쳐들었다. 그 다음으로 마닐라에서 수입된 설탕과 향신료를 받쳐 들고 걸어가는 아주 어린 동인디아 소년을 소개했다. 소년은 캐번디쉬 선장이 비단 돛을 펼친 범선을 타고 템스강을 거슬러 오르며 항해할 때 집으로 데려온 소년이었다.

그 뒤의 사람들은 레반트에서 수입된 과일, 능직물, 값비싼 융단, 러시아에서 수입된 모피, 플랑드르의 직공들이 짠 모직물과 아름다운 레이스를 받쳐 들고 걸어갔다.

"다음은 아메리카 원주민이 가져온 물건들입니다."

아메리카 원주민은 비버 가죽, 은이나 금으로 보이는 광석을 받쳐 들고 있었다. 그 원주민을 뒤따르는 사람들은 '버진 여왕께 바쳐진 버지니아'라는 글귀가 적힌 깃발을 들고 있었다. '버지니아'라는 지명은 북아메리카의 땅을 여왕으로부터 하사받은 월터 롤리 경이 여왕의 이름을 기리기 위해 그 땅에 여왕의 이름을 붙인 것이었다.

로저는 가장행렬을 보며 또 다시 바다로 나가 여러 나라를 항해하는 꿈을 꾸었다.

세월이 흘러 로저는 어릴 때부터 꿈꾸던 카리브해로 가는 항해에 나섰고 그동안 가슴에 품었던 열망들을 실현했다.

잉글랜드를 알기 위해 꼭 알아야 할 역사 상식

세계일주 항해를 한 드레이크

엘리자베스 1세 당시의 영국은 유럽에서 힘이 강한 나라가 아니었다. 그때 유럽과 바다를 장악했던 나라는 스페인(에스파냐)이었다. 스페인은 마젤란이 세계 일주에 성공하면서 무역을 독점했다.

1577년 영국인 드레이크는 골든힌드호 외에 다섯 척의 함대를 끌고 태평양까지 진출해서 칠레나 페루 연안의 에스파냐 식민지나 배를 덮쳐 보물을 약탈했다. 드레이크는 사실 바다의 해적이었다. 그 후, 드레이크는 태평양을 가로질러 모루카 제도, 나아가 인도양에서 희망봉을 돌아 영국으로 돌아왔는데, 이는 마젤란에 이어 두 번째로 세계 일주를 달성한 것이었다.

1580년 9월, 다섯 척의 배 중 유일하게 살아남은 드레이크의 골든힌드호가 플리머스 항에 귀항했다. 드레이크는 항해 중에 얻은 보물들을 영국 여왕 엘리자베스 1세에게 바쳤다. 이는 당시 잉글랜드의 국고 세입을 훨씬 넘는 것이었다. 덕분에 영국은 강해질 수 있었다. 공로를 인정받아 드레이크는 엘리자베스 1세로부터 기사 작위를 받았다.

1588년, 영국은 해전에 강한 드레이크를 내세워 스페인의 무적함대를 무너뜨렸다. 이후 식민지 개척에서 스페인보다 우세를 보이며 나중에는 해가 지지 않는 나라가 되었다.

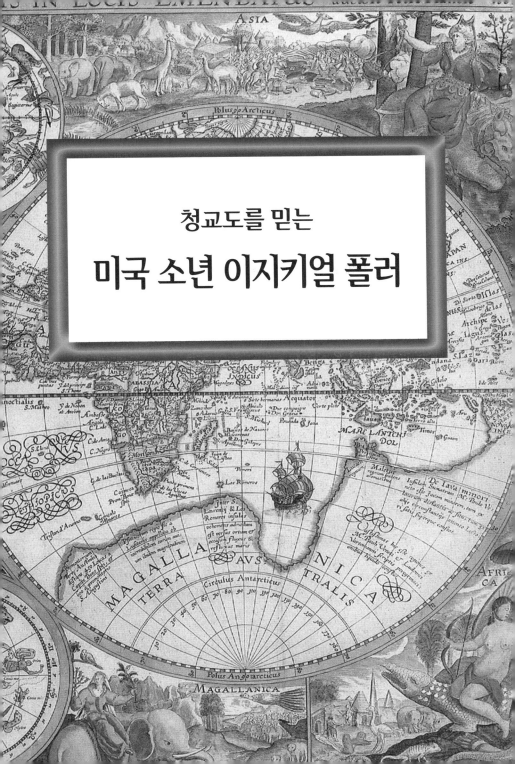

청교도를 믿는

미국 소년 이지키얼 폴러

내가 잃은 것이 내가 얻은 것이다!

우리는 이제 여덟 번째 역에 도착했다. 여태 만난 소년들은 꿈과 야망이 있는 소년들이었지만 지금 만날 소년은 조금은 어두운 소년이야. 어떤 소년일까? 새로운 소년을 만나러 가보자.

"으앙! 으앙!"

사내 아기는 세상이 떠나갈 듯 힘차게 울었다. 아기는 세상에 처음 나와서 춥고 모든 것이 낯설었다. 어머니가 따뜻하게 품에 안아주자 아기는 울음을 그치고 잠이 들었다. 아기가 태어난 곳은 잉글랜드 본토의 동해안에 있는 링컨셔 주의 작은 어촌마을 보스턴이었다.

목사인 이지키얼 폴러는 잠든 아기를 보며 말했다.

"아들의 이름을 '페인트 낫'이나 고대 이스라엘의 예언자 이름을 따서 '서브 더 로드'로 지으면 어떻겠소?"

아내 프루던스 폴러는 힘에 겨운 듯 말했다.

"하느님의 뜻이라면 어떤 이름이든 상관없어요. 하지만 우리는 예언자 이지키얼처럼 수많은 고난과 시련을 견디면서도 하느님을 섬겼어요. 그에 걸맞게 당신 이름도 이지키얼이지요. 그러니까 아기 이름도 당신 이름을 따서 이지키얼로 지으면 좋겠어요."

"당신의 사촌 오빠 소스비의 경우를 봐요. 그분은 아들의 이름을 '진리를 향한 열정'이란 뜻으로 '질 포 트루스'라고 지었지. 그 이름답게 트루스는 자라면서 자신의 이름을 빛냈잖소? 이름은 시련의 시간만이 아니라 이 아기가 어떻게 될 것인지 그 의미를 담아야 하오."

"그래도 전 이지키얼이 좋아요."

결국 아내 바람대로 아들의 이름은 아버지와 같은 이름인 이지키얼이 되었다. 이날은 1620년 12월 22일이었다.

이날 다른 곳에서는 역사적인 사건이 일어났다. 바로 이날, 잉글랜드의 청교도 102명이 메이플라워호를 타고 북아메리카로 건너가 동부해안 플리머스에 상륙했다.

그날은 아주 추운 겨울날이었다. 존 카버, 윌리엄 브랫포드, 윌리엄 브루스터, 용감한 마일스 스탠디쉬와 그의 젊은 친구 존 앨든, 어린 페러그린을 품에 안은 윌리엄 화이트와 그의 아내 수재너 화이트를 포함한 많은 독실한 청교도들은 플리머스 해안의 바위를 밟고 북아메리카에 첫발을 내디뎠다. 그리고 북아메리카에 뉴잉글랜드를 건설했다.

그러니까 1620년 12월 22일은 '청교도들의 미국 상륙 기념일'이면서 바로 청교도 소년 이지키얼 풀러의 생일이기도 했다.

메이플라워호는 1621년 다시 잉글랜드로 돌아와서 청교도에 대한 소식을 전해주었다.

"북아메리카로 항해하던 도중 병들거나 죽은 사람도 있었지요. 하지만 청교도들은 그 험난한 항해 중에도 낙담하거나 불평한 마디 하지 않았어요. 잉글랜드로 다시 돌아온 사람은 한 명도 없답니다."

그 후부터 메이플라워호, 앤호, 리틀제임스호, 라이언스휄프호 같은 배가 매년 한 번씩 드넓고 험난한 대서양을 가로질러 북아메리카로 갔다가 식민지 개척자들의 편지를 싣고 잉글랜드로 돌아와서 소식을 전해주었다. 그래서 잉글랜드 소년 이지키얼은 자라면서 신대륙 북아메리카에서 차츰 발달하는 소도시에 대한 소식을 들을 수 있었다.

12살이 된 이지키얼은 신대륙으로 가고 싶은 마음이 굴뚝같았다. 소년 이지키얼의 친척 아저씨 한 명도 그 청교도들과 함께 북아메리카로 갔기 때문이었다.

'아버지가 아저씨처럼 모든 시련을 벗어나서 신대륙으로 갔으면 좋겠어. 아버지는 내가 열 살이 되기도 전에 벌써 여러 번 감옥에 다녀오셨어. 아버지가 다시는 감옥에 안 갔으면 좋겠어. 그

곳을 개척하는 것은 힘들겠지만 대신 자유를 얻을 수 있을 거야.'

아버지가 감옥에 간 이유는 잉글랜드 국왕의 말을 거역했기 때문이었다. 국왕은 모든 백성에게 교회에서 예배하라는 명령을 내렸다. 하지만 소년 이지키얼의 아버지는 국왕의 명령을 어기고 청교도들과 함께 자기 집이나 이웃집에 모여서 자신들만의 방식으로 하느님께 예배를 드렸다.

아버지가 감옥에 가게 되었을 때 소년 이지키얼은 울면서 어머니한테 물었다.

"어떻게 하면 아버지를 감옥에서 나오게 할 수 있죠? 아버지를 도와줄 사람이 있을까요?"

그러자 어머니는 흐르는 눈물을 닦아주며 말했다.

"아버지의 고난은 하느님의 뜻이란다. 그러니까 걱정하지 말거라. 하느님께선 아버지도 우리도 모두 보호해주실 거야."

어머니는 소년 이지키얼과 어린 여동생 페이션스를 불러서 오래된 시를 가르쳐주었다.

하느님께서 나의 건강이요 빛이거늘
사람들이 어찌 나를 낙담시키랴?
하느님께서 나에게 육신의 힘과 권능을 주셨거늘
내가 두려워할 까닭이 있으랴?

시를 읽으며 이지키얼은 조금 안심이 되었다. 하지만 이런 사건들 때문에 이지키얼은 열 살도 되기 전부터 삶은 놀이가 아니라 아주 심각한 문제라는 것을 깨닫게 되었다. 게다가 청교도는 여러 가지로 엄격했기 때문에 소년은 점점 심각한 소년이 되어 갔다. 이지키얼의 아버지는 수시로 이지키얼에게 이렇게 말하곤 했다.

"난 네 나이 때 런던에 있는 세인트폴스쿨이라는 학교를 다녔단다. 난 교실 창문에 있는 글귀를 날마다 읽어야 했지. '가르치거나 배우지 않는 자들은 이곳을 떠나라.' 이 글귀는 교사들에게도 학생들에게도 똑같이 해당되는 엄한 명령이었단다. 그러니 너도 학교에서 열심히 배워야 한다. 항상 진지하게 행동해야 하고 오락 같은 것을 즐겨서는 안 된다."

이지키얼은 아버지 말씀대로 살려고 노력했다. 설사 논다고 해도 즐겁지 않은 놀이뿐이었다. 축제 같은 것은 생각도 못했다.

언젠가 국왕 제임스 1세가 교회의 성직자들에게 설교 시간에 국왕의 명령을 공고하라고 했다.

"백성들은 일요일 오후에는 춤, 활쏘기, 공굴리기(볼링)를 포함한 여러 가지 오락들을 즐겨야 한다."

이 명령은 엄청난 반발을 가져왔다. 그 이후부터 소년의 아버지와 같이 엄격한 청교도들은 일요일에 즐기는 모든 오락뿐 아니라 평일에 즐기는 오락들마저 안 좋게 생각했다.

왕의 명령을 평신도들에게 공고하기를 거부한 성직자들은 교회에서 쫓겨나 박해를 받았다. 그러자 노는 것을 좋아하던 청교도 소년들까지도 박해받는 성직자들을 용감하게 지지하며 5월의 기둥을 화환으로 장식하는 것도, 잔디밭에서 춤추는 것도 기꺼이 포기했다. 세상은 왕의 명령을 따르는 교회와 그렇지 않은 청교도로 나뉘었다.

청교도인 이지키얼이 즐길 수 있는 놀이는 단 한 가지뿐이었다. 겨울에 눈이 내리면 이지키얼의 가슴은 콩당콩당 뛰었다.

'분명 아버지는 좋아하지 않으실 거야. 하지만 내가 유일하게 즐기는 놀이인 걸.'

이렇게 생각하고는 썰매를 가지고 눈 쌓인 언덕으로 달려갔다. 이지키얼은 썰매를 탈 때 아버지도 공부도 엄숙함도 다 잊을 수 있었다.

이지키얼은 평소엔 놀이 대신에 이야기 듣는 걸로 만족해야 했다.

'재미있는 동화도 아니고 용감한 기사나 아름다운 여인이 나오는 이야기도 아니지만 괜찮아. 엄숙하고 슬픈 이야기들도 없는 것보단 나아.'

그래서 저녁이 되면 난롯가에서 여동생 페이션스와 함께 아버지한테 이야기를 해달라고 졸랐다. 아버지는 낮고 엄숙한 목소리로 이야기를 들려주었다.

"그 사람들은 고향집도 땅도 돈도 친구들도 다 버리고 편안함도 포기한 채 잉글랜드를 떠나 네덜란드로 망명했지. 또 어떤 이들은 위험한 항해 끝에 도착한 황야에서 새롭게 터전을 닦아야 했단다. 그 사람들이 겪어야 했던 고난은 말로 표현할 수 없지. 하지만 그들은 '내가 잃은 것이 내가 얻은 것이다'라고 생각했단다. 그런 생각 덕분에 그 사람들은 자신의 생각이 진리라고 믿을 자유를 누렸고 자신의 생각대로 하는 행동이 올바른 행동이라고 믿을 자유도 누렸단다."

"아버지, 그럼 우리도 다른 나라로 떠나면 안 돼요? 아버지가 자꾸 감옥에 가는 게 싫어요. 힘들게 살아도 자유롭게 살면 좋겠어요."

이지키얼이 조심스럽게 말했다. 아버지는 엄격한 표정으로 대답했다.

"모든 건 하느님의 뜻에 따라 이루어질 거다."

하지만 가끔 이지키얼의 아버지는 신기하고 재미있는 책을 빌려와서 읽어주기도 했다. 그런 책 중 하나는 『뉴잉글랜드 플리머스에 조성된 잉글랜드 식민지 농장의 일지』였다. 이 책은 런던의 존 벨러미라는 출판사에서 출판되어 왕립거래소 근처 컨힐 구그레이하운드 2가의 직영 서점에서 판매했다.

이지키얼 아버지는 옷차림도 수수하게 하도록 했다.

"옷을 헐렁하게 입으면 안 된다. 윗옷과 바지를 딱 맞게 입어야 단정해 보이지. 머리카락도 짧게 잘라야 단정해 보인단다."

이지키얼의 옷차림과 머리는 단정했지만 얼굴엔 웃음기가 하나도 없었다. 모자를 눌러쓰고 다녀서 생각에 잠긴 얼굴은 더 그늘져 보였다. 이지키얼은 자신이 애늙은이 같다는 생각을 했다. 그런 이지키얼을 보고 놀리는 아이들도 있었다.

"어이, 청교도 녀석아, 너도 보스턴 감옥에 갇히고 싶냐?"

그 소년들은 화려한 레이스가 달린 옷을 입고 다녔다. 소년들의 아버지는 일요일 오후에는 오락과 스포츠를 즐겼다. 소년들도 즐거운 놀이에 흠뻑 빠져있었다. 그들은 일요일에 노는 것이 옳은지 그른지, 국왕이 그들을 위해 결정한 사항들이 옳은지 그른지 따지느라 고민하지 않았다.

그러던 어느 날이었다. 떼를 지어 몰려다니던 소년들이 청교도 옷을 입은 남자를 발견했다.

"청교도는 정말 이상하게 생겼어."

소년들은 남자 뒤를 졸졸 따라 다니며 놀려댔다. 그 남자의 한쪽 뺨에는 뜨거운 인두로 찍힌 낙인이 있었다. 양쪽 귀는 잘려나가서 흉터만 남았다.

이지키얼이 놀라서 남자를 바라보았다. 그때 이지키얼의 아버지가 급히 집에서 뛰어나와 남자의 손을 잡았다.

"정말 반갑습니다. 어서 저희 집으로 가시지요."

소년도 아버지를 따라 급히 집으로 들어갔다.

"훌륭하신 버튼 목사님, 이 녀석은 하느님을 섬기는 자들이 하느님의 뜻대로 살아갈 수 있는 길을 알고 싶어 하는 저의 아들입니다"

"하느님의 보살핌 아래 아드님은 하느님의 뜻대로 살아갈 겁니다."

청교도 목사 버튼은 이지키얼에게 축복을 내려주었다.

다음 날은 일요일이었다. 청교도들이 소년의 집 안쪽 작은 방에 모여들기 시작했다. 사람들이 모이자 버튼 목사는 예배를 보았다. 버튼 목사는 호주머니에 숨겨온 자그마한 성경을 꺼내들고 읽었다. 그 성경은 개신교 성직자들이 번역한 제네바 성경이었다.

"종말이 올 때까지 인내하는 자는 구원 받으리라."

그 순간 밖에서 '쿠당탕' 하는 소리가 들렸다. 군인들이 순식간에 방안까지 들이닥쳤다. 군인들은 버튼 목사뿐만 아니라 이지키얼의 아버지도 함께 연행하여 감옥에 가두어 버렸다. 다음 날 두 목사는 불법 집회를 열었다는 죄목으로 법정에서 심문을 받았다.

'아버지가 또 잡혀가셨어. 왜 청교도는 툭하면 잡혀가야 하는 걸까? 왜 종교의 자유를 주지 않는 걸까?'

이지키얼은 깊은 생각에 잠겼다. 이지키얼은 침울하게 2주일을 보내고 나서야 아버지를 다시 만날 수 있었다. 감옥에서 돌아온 아버지는 지쳐 보였다. 몸은 바짝 말랐고 얼굴은 창백했다.

그날 저녁 아버지는 어머니에게 소리를 낮춰 말했다.

"더 이상 참을 수가 없구려. 우리 가족은 이제 자유를 찾아야 해. 고향을 떠나 북아메리카 뉴잉글랜드로 갑시다. 뉴잉글랜드는 야생인들이 가득한 땅이지만, 그곳의 어떤 야생인들도 잉글랜드 사람만큼 우리한테 잔인하게 굴지는 않을 거요. 런던과 노팅엄, 데번셔, 링컨셔의 보스턴 등에서 살던 친구들과 이웃들이 이미 북아메리카 동해안으로 이주했소. 그들은 도체스터, 케임브리지, 찰스타운, 보스턴 같은 도시들을 건설하고 있소. 우리 가족은 북아메리카의 보스턴으로 갈 거요."

이지키얼과 여동생은 난롯가에 있는 작은 나무 걸상에 걸터앉아 아버지의 말에 귀를 쫑긋 세웠다. 두 아이는 숨을 죽이고 아버지와 어머니의 표정만 살폈다.

"보스턴에는 작년에 윈스롭 씨와 함께 간 옛 친구들과 이웃들이 있을 거요. 그러니 우리는 그곳에서 편안하게 지낼 수 있을 거요. 그리고 내가 들은 소식이 정확하다면 존 엘리엇 씨도 다음 달에 런던에서 출항하는 라이언호를 타고 북아메리카로 간다고 했소."

어머니가 아버지의 손을 잡으며 단호한 표정으로 말했다.

"그래요, 우리 떠나요. 나는 하느님께서 우리를 그곳으로 부르신다고 생각해요. 나는 그곳으로 갈 마음의 준비를 마쳤어요."

이지키얼은 어머니의 말에 가슴이 뛰었다.

'드디어 감옥이 없는 곳으로 가게 되었어. 자유를 찾아 떠나게 되다니. 정말 다행이야.'

그때는 7월이었고 라이언호는 8월에 출항할 예정이었기 때문에 준비할 시간은 짧았다. 이지키얼은 이삿짐 챙기는 일을 즐겁게 도왔다. 또 아버지와 함께 시장에 가서 암소 한 마리와 염소 세 마리도 사왔다.

드디어 8월이 되었다. 소년의 가족은 이삿짐을 실은 손수레와 가축들을 끌고 런던으로 가서 라이언호에 승선했다. 소년의 가족을 포함하여 60명의 승객들이 배에 올랐다. 60명의 사람들, 가축들과 이삿짐으로 배는 가득 찼다.

배를 타고 먼 바다를 항해하는 일은 정말 멋진 일이었다. 대서양을 항해하는 동안 소년 이지키얼은 갑판에 서서 돌고래도 보고 거대한 빙산도 보았다.

하지만 대서양을 가로지르는 일은 만만치 않았다. 큰 파도와 싸우기도 하고 거센 폭풍우를 헤쳐 나가기도 했다. 뱃멀미로 고생하기도 하고 빨래가 마르지 않아 하루 종일 옷을 말려야 하는 날도 있었다.

어느 날, 소년 이지키얼은 잠에서 깨어 갑판으로 올라갔다. 아침이 밝아오고 있었다. 장미꽃처럼 붉은 빛이 드넓고 잔잔한 바다를 물들이고 있었다. 그때 엘리엇 씨가 기독교 경전 중 「시편」을 펴고 한 구절을 읽었다.

"하느님께서 폭풍을 잠재우시니 파도들도 잠잠해지니라."

이지키얼도 파도들이 항상 잠잠하길 같이 기도했다.

라이언호는 육지를 찾아 밤이나 낮이나 행해를 계속했다. 배에 탄 사람들은 서서히 지쳐갔다. 여동생은 자주 열이 났다. 축 늘어져 하루 종일 선실에 누워있을 때가 많았다.

"조금만 힘을 내."

이지키얼은 페이션스의 이마를 만지며 말했다. 이지키얼은 동생이 어떻게 될까봐 걱정이 되었다.

"어머니, 언제쯤 도착하나요? 우리가 가고 있는 길이 맞나요?"

이지키얼이 참고 참았다가 물으면 어머니는 이렇게 대답했다.

"하느님께서 길을 인도해주실 거야."

그러던 어느 날, 라이언호 돛대에 새가 날아와 앉았다. 그 새는 바로 야생 비둘기였다.

"육지가 멀지 않은 곳에 있다!"

선원들의 외침에 모두들 갑판으로 나왔다. 라이언호는 70일을 넘게 항해한 끝에 마침내 아메리카 보스턴의 해안가에 도착했다. 항구로 들어가는 라이언호를 향해 작은 돛단배 한 척이 다가왔다. 승객들은 그 돛단배를 향해 큰소리로 인사했다.

"안녕하세요?"

"반갑습니다!"

돛단배에 있던 사람들이 라이언호를 환영해주었다. 그 돛단배의 이름은 '항만의 축복'이었다. 그 돛단배는 보스턴 총독 윈스롭이 보스턴에 도착한 지 얼마 지나지 않아 건조한 30톤짜리 선박이었다. '항만의 축복'은 뉴욕에 정착한 네덜란드인들과 교역하기 위해 뉴욕으로 떠나고 있었던 것이다.

북아메리카의 보스턴에 도착한 소년 이지키얼의 가족은 옛 친구들뿐만 아니라 새로운 친구들도 만났다. 아버지 친구는 이지키얼 가족을 반갑게 맞이하며 말했다.

"자네는 이미 이곳에서도 유명한 청교도라네. 온갖 박해를 받고도 꿋꿋하게 신념을 지킨 자네가 존경스럽네. 자네는 바로 집터와 농토를 할당받을 수 있을 거야."

이지키얼의 낯설고 새로운 삶이 시작되었다. 이지키얼은 집 짓기, 농토에 씨앗 뿌리기, 울타리 만들기 같은 일들을 도왔다. 이지키얼은 집 주변을 둘러보고 싶었다. 하지만 느긋하게 주변을 둘러볼 기회는 좀처럼 오지 않았다. 원주민들이 가장 보고 싶었지만 원주민을 만날 시간도 없었다. 청교도 소년은 거의 모든 뉴잉글랜드 사람들처럼 바빴다.

"원주민들은 어떤 사람들이에요?"

이지키얼이 궁금증을 참지 못하고 아버지에게 물어보았다.

"원주민들은 사슴 가죽으로 만든 옷을 입고 활과 화살을 가지고 다닌단다. 그 사람들은 물고기와 비버 모피를 보스턴으로 가져와서 우리 물건과 바꾸지. 그들은 우리를 '나이프를 사용하는 사람들'이라고 부른단다."

이지키얼은 마음속으로 원주민의 모습을 그려보았다.

그러던 어느 날, 소년은 아버지와 다른 정착민들 몇 명과 함께 찰스강을 거슬러 비버브룩이라는 곳으로 갔다.

"나무들이 이렇게 하늘 높이 자라다니……. 정말 멋져요. 여기 좀 보세요. 동물들이 나무를 탔나 봐요. 발톱에 긁힌 자국이 선명히 남아있어요."

이지키얼은 모든 것이 신기하기만 했다. 그때 아버지가 소리쳤다.

"저기 보아라! 미리 설치해둔 덫에 비버 두 마리가 걸려들었구나."

비버는 덫에 걸려 두려움에 떨고 있었다. 사람들은 비버를 죽여 어깨에 둘러맸다. 비버는 죽었지만 털은 정말 아름다웠다. 비버 모피는 바다 건너 런던의 시장으로 팔려나가게 될 것이었다.

뉴잉글랜드에 정착한 지 몇 달 후, 이지키얼은 드디어 학교에 다니게 되었다.

"이 아이는 이지키얼이다. 열심히 공부하도록 도와주려무나."

선생님이 학생들에게 이지키얼을 소개해주었다. 선생님은 필리먼 포몬트였는데 행정장관들이 임명해서 선생님이 될 수 있었다. 이지키얼은 몇 명의 원주민 아이들이 교실에 앉아 있는 것을 보았다. 그중 한 아이가 눈에 뜨였다. 표정이 밝고 눈이 반짝이는 아이였다. 이지키얼은 수업 중에도 자꾸 그 아이에게 시선이 갔다. 이지키얼은 수업이 끝나자마자 그 아이에게 다가가 질문을 쏟아 부었다.

"내 이름은 이지키얼이야. 네 이름은 뭐야?"

"난 '아는 신'이야."

"그런 이름을 가진 건 신처럼 많이 알아서 그런 거야?"

"아마도. 하하."

"그런데 너희 같은 원주민이 어떻게 학교에 다니게 된 거야?"

이번엔 아는 신이 얼굴을 찌푸리고 더듬거리며 말했다.

"음, 그건, 행정장관들이 교사를 임용할 때 무료로 우리를 가르치겠다는 약속을 받아냈기 때문이야."

이지키얼은 그날 바로 아는 신과 친구가 되었다. 이지키얼은 학교에서 읽기, 쓰기, 수학을 배웠지만 아는 신에게 배우는 것들이 훨씬 더 재미있었다. 아는 신은 대합조개와 홍합을 채취하는 방법, 발로 개펄을 밟아서 뱀장어를 나오게 하고 덫을 놓아 다람쥐나 토끼를 잡는 방법 등을 이지키얼에게 가르쳐주었다. 대신 이지키얼은 눈에 보이는 모든 것의 영어 발음을 아는 신에게 가르쳐주었다.

어느 날이었다. 아버지가 심각한 얼굴로 말했다.

"숲 너머 몇 킬로미터 떨어진 곳에 사는 원주민들 사이에 천연두라는 무서운 전염병이 돈다는구나. 원주민들은 천연두에 걸리면 다 죽는다는데……."

"아는 신은 괜찮을까요? 하필이면 이때 집에 갈 게 뭐람?"

많은 원주민들이 천연두로 죽어간다는 소식에 이지키얼은 아는 신도 죽게 될까봐 가슴을 졸였다. 천연두라는 질병은 청교도들에게는 어느 정도 면역력이 있었지만 천연두를 처음 접한 원주민들에겐 치명적인 병이었다.

그러던 어느 날, 잉글랜드인 사냥꾼 몇 명이 아는 신을 보스턴으로 데려왔다. 아는 신은 슬픔이 가득한 얼굴로 이지키얼에게 말했다.

"우리 아버지는 정말 용감한 인디언이셨어. 그런데 천연두는 이겨내지 못했어. 아버지만이 아니라 어머니, 동생들, 삼촌들까지 모두 죽었어. 몸에선 고름이 나오고 살점이 떨어져 나갔어. 그렇게 끔찍하게 죽는 모습은 처음 봤어. 나한테는 이제 가족이라곤 아무도 없어."

이지키얼은 어쩔 줄 몰랐다. 아는 신이 앞으로 어떻게 살아야 할지 걱정이 되었다. 이지키얼은 아버지에게 졸랐다.

"아버지, 아는 신이 고아가 되었어요. 우리 집으로 데려와서 함께 살아요. 다른 사람들도 고아가 된 원주민 아이들을 데려다 기른다고 하던데요. 아버지, 제발 부탁이에요."

아버지는 고민 끝에 행정관들의 동의를 얻어 아는 신을 집으로 데려왔다. 아버지는 행정관들에게 이렇게 약속을 해야 했다.

"원주민 소년에게 일을 가르치고 하느님을 섬기는 아이로 키우겠습니다."

그래서 아는 신은 이지키얼과 함께 살게 되었다.

소년 이지키얼과 아는 신이 제일 좋아하는 일은 부두에 도착한 배들을 구경하는 일이었다. 그런 배들 중에는 잉글랜드 본토에서 온 여객선도 있었고 '코드 곶' 앞바다에서 고래를 잡는 포경선도 있었다. 버지니아나 뉴욕으로 상품을 운반하는 상선도 있었다.

어느 날, 잉글랜드를 출발한 그리핀호가 부두에 도착했다. 그리핀호에서 내린 사람들 중에는 보스턴에서 장관을 역임한 존 카튼과 그의 아내, 그리고 항해 중에 태어나서 '바다에서 태어난'이라는 이름을 얻은 갓난아기도 있었다.

"바다에서 태어난 아기는 특별할 거야. 뱃멀미랑 폭풍우를 이긴 아이니까."

이지키얼은 멀리서 아기를 바라보며 하느님의 은총으로 잘 자라길 기도했다.

때로 두 소년은 보스턴 거리를 구경하기도 했다. 보스턴 시장에는 경범죄를 저지른 범죄자들을 벌하는 형틀이 있었다. 범죄자는 나무로 만들어진 형틀의 구멍에 두 손과 두 발을 집어넣은 채로 앉아서 벌을 받았다.

"그런데 아는 신, 그거 알아? 저 형틀을 만든 사람도 저 형틀로 벌을 받았대. 왜냐하면 형틀을 너무 비싼 값에 팔았기 때문이야."

두 소년은 크게 웃지도 못하고 웃음을 참느라 얼굴이 빨개졌다.

"우리, 이제 풍차로 가보자."

풍차는 바람을 맞으며 천천히 돌아가고 있었다. 풍차 앞에는 곡식을 갈려는 사람들로 북적거렸다. 아는 신이 갑자기 심각한 얼굴로 말했다.

"그런데 이지키얼, 난 늑대 사냥하는 게 마음에 안 들어. 매주 늑대 사냥을 하면 늑대가 다 사라질 거야."

"농장주들이 늑대를 죽인 사람들에게 보상금을 지급하니까 늑대 사냥을 없애긴 힘들걸. 암소나 말을 기르는 농장주는 암소나 말 한 마리당 1페니씩, 돼지나 염소를 기르는 농장주는 돼지나 염소 한 마리당 1파딩(1/4페니짜리 동전)씩 쳐서 보상금을 준대."

"저러다 정말 야생 늑대가 다 사라지겠어. 야생 늑대를 완전히 죽여 없애는 건 너무 잔인해. 그들도 이 땅에서 살 권리가 있다고. 어린 늑대들은 얼마나 귀여운데. 또 달밤에 늑대가 우는 걸 보면 얼마나 멋진데. 청교도들은 서로 공존하는 법을 배워야 해."

이지키얼은 아는 신의 생각이 옳다는 생각이 들어서 고개를 끄덕였다.

그러던 어느 날, 보스턴 법원은 파딩 동전 대신에 총탄을 보상금으로 지급할 수 있다는 법령을 발표했다. 그래서 이지키얼 같은 소년들도 돈이 필요하거나 돈으로 물건을 사고 싶으면 총탄을 가지고 다닐 수 있게 되었다. 하지만 이지키얼에게 돈이 필요한 경우는 거의 없었다. 왜냐하면 보스턴에는 아직 상점이 하나도 없었기 때문이다.

세월이 흐르면서 이지키얼은 점점 어른으로 성장해갔다. 그러면서 이지키얼에게는 풀지 못할 수수께끼가 하나 생겼다. 보스턴에서는 청교도 교회에 찬성하지 않는다는 이유로 벌을 받거나 추방당하는 사람들이 매달 빠짐없이 생겨났다. 그건 이해할 수 없는 일이었다.

이지키얼의 아버지도 잉글랜드에서 영국 교회를 따르지 않아 벌을 받고 북아메리카로 망명했다. 아버지만이 아니라 뉴잉글랜드에 정착한 거의 모든 잉글랜드 사람들은 똑같은 이유로 고향을 떠나왔다. 그런데 억압받았던 사람들이 자신의 법을 따르지 않는다고 다른 사람들을 억압하다니.

이지키얼은 성경 구절을 하나 떠올렸다.

'너희가 대접받기를 원하는 만큼 타인들을 대접하라.'

이지키얼은 궁금해졌다.

'이 구절은 보스턴의 장관, 부모들, 교사들이 줄곧 나에게 들

려주었던 구절이야. 그 구절에 담긴 뜻을 뉴잉글랜드 청교도들
은 얼마나 이해하고 있는 걸까?'

미국을 알기 위해 꼭 알아야 할 역사 상식

청교도

    1527년, 영국 왕 헨리 8세는 왕비와 이혼하려 했지만 교황청이 반대했다. 교황은 헨리 8세가 말을 듣지 않자 헨리 8세를 파문했다. 그러자 헨리 8세는 왕비의 시녀인 앤 볼린과 재혼을 하고 1534년 국왕이 교회의 수장이라는 수장령을 선포했다. 즉, 로마 가톨릭으로부터 완전히 독립해서 영국 성공회를 국교로

삼은 것이었다. 그 후 제임스 1세에 이르기까지 영국 성공회는
더욱 강화되었다.

청교도는 로마 가톨릭으로부터 독립은 했지만 국가 중심의
교회라는 점과 완전히 로마 가톨릭을 개혁하지 못한 점을 들어
성공회를 비판했다. 청교도들은 도덕적인 규율을 강조하고 주
일을 신성하게 엄수하고 낭비와 사치를 배격했다. 근면을 강조
했고, 성경에 철저하고자 했다. 영국 성공회는 성공회와는 다른
길을 가는 청교도들을 박해했다.

1620년 청교도인 필그림 파더스는 종교의 자유를 찾아서 신
대륙으로 떠나게 되었다. 잉글랜드 남서부 플리머스에서 메이
플라워호를 타고 66일간의 긴 항해를 했다. 메이플라워호는
1620년 12월 북아메리카 플리머스에 상륙했는데, 추운 겨울이
라 이들의 반수 이상이 추위와 괴혈병으로 사망했다. 이들은 인
디언에게서 옥수수 재배법을 배워 가을에 수확할 수 있었고 새
로운 곳에서 생존할 수 있었다. 이것을 기념하여 추수감사절 행
사가 시작되었다. 이 청교도들이 바로 미국의 기원이 된 것이다.

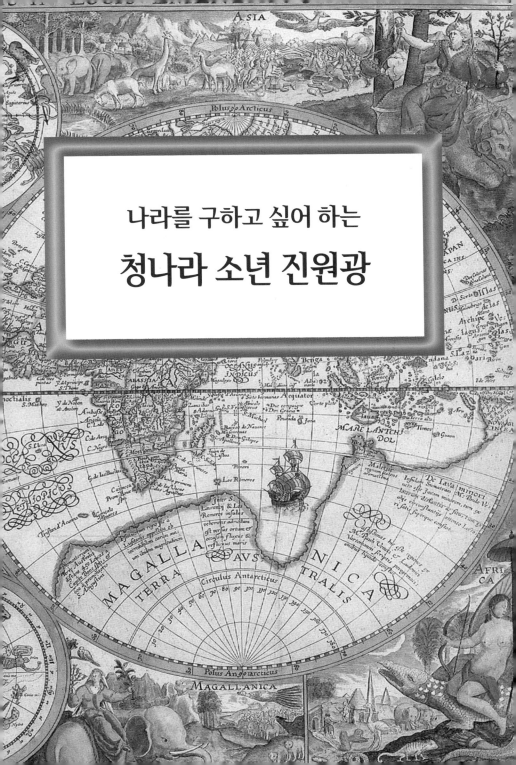

나라를 구하고 싶어 하는
청나라 소년 진원광

내 백성을 누르는 바위가 되느니
한 포기 난초가 되리라.

우리는 지구를 거의 한 바퀴 돌았다. 힌두쿠시 산맥에서부터 영국의 청교도들이 세운 나라인 미국을 지나는 기나긴 여행이었다. 아홉 번째 역은 힌두쿠시 산맥과 멀지 않은 곳에 있는 중국이다. 여기에는 또 어떤 소년이 살고 있을까? 저기 소년이 있는 곳으로 가 보자.

소년은 식탁에 앉아 있었다. 곧 하인들이 구운 돼지고기와 야채 요리, 해산물 요리, 딤섬 등 갖가지 요리를 식탁에 차렸다. 친척들은 큰소리로 웃고 떠들며 음식을 먹기 시작했다. 11살 소년 진원광은 딤섬을 접시에 가득 담았다. 딤섬은 원광이 가장 좋아하는 요리였다. 어머니가 눈썹을 찌푸리며 진원광에게 말했다.

"원광, 음식은 골고루 먹어야지. 그리고 잠꾸러기는 어서 먹고 빨리 가서 자거라."

"싫어요. 올해는 꼭 불꽃놀이를 보고 잘 거예요. 저도 오늘만 지나면 12살이 되는 걸요.”

“네가 초저녁잠이 많아서 못 본 거니 누굴 탓하겠니?”

어머니가 웃으며 말했다. 원광은 초저녁잠이 많아 춘절 축제를 제대로 즐기지 못한 게 속상하고 창피했다. 원광은 민망해서 만질만질한 앞머리를 만졌다.

원광은 머리 앞쪽은 밀었고 뒤로는 길게 땋았다. 이 머리를 변발이라고 하는데, 원광은 변발을 하는 게 항상 불편하다는 생각이 들었다. 머리카락이 금방 자라서 앞은 수시로 밀어야 했고 뒷머리는 매일 땋아야 했기 때문이었다. 진원광이 아버지에게 조심스럽게 물었다.

“아버지, 우리도 서양인처럼 머리를 자르면 안 되나요? 그럼 편할 것 같아요.”

진원광의 말에 방안이 갑자기 쥐죽은 듯 조용해졌다. 친척들의 놀란 눈이 모두 원광을 향했다. 아버지가 버럭 화를 내며 말했다.

“지금 서양 놈이 되겠다는 말이냐? 변발은 우리 만주족의 자존심이야. 조상님들이 물려준 풍습을 바꿀 생각을 하다니! 우리 민족은 말을 타고 평야를 누비던 유목민이었어. 물이 귀해 머리 감기가 어렵고 말을 타면 산발이 되었기 때문에 변발을 했지. 그런 어려움을 겪으며 청나라를 세운 민족이다. 넌 그걸 잊으면 안 된다.”

친척들도 각자 원광을 향해 한마디씩 잔소리를 했다. 진원광은 아무 대꾸도 못했다. 서양인이 싫지만 서양인들이 가진 장점을 받아들여야 한다는 원광의 생각과 전통을 지켜야 한다는 어른들의 생각은 하늘과 땅만큼이나 차이가 컸다.

원광은 자꾸 눈이 감겼다. 초저녁잠이 많은데다 오늘은 아침부터 일을 했기 때문이었다. 춘절 전날은 하인들과 식구들 모두 집을 청소해야 했다.

"깨끗하게 청소해라. 그래야 새해를 맑은 정신으로 맞이하지."

아버지 말씀대로 구석구석 먼지를 털어내고 쓸고 닦아 집안이 밝고 깨끗해졌다. 청소가 끝나자 아버지는 춘련을 붙였다. 빨간 춘련에는 가족의 평안을 기원하는 글을 담았다. 그리고 복(福)자는 거꾸로 붙였다. 동생이 고개를 갸웃하더니 아버지에게 물었다.

"아버지, '복'자를 왜 거꾸로 붙여요?"

"오호, 벌써 '복'자를 아는 게냐? 잘 들어봐라. 복(福)을 뒤집으면 '거꾸로 도(倒)'가 되지. '거꾸로 도'는 '온다는 도(到)'와 발음이 같단다. 그러니까 복이 오라고 그렇게 붙이는 거란다."

"그렇구나. 복이야! 빨리 와라."

동생은 신이 나는지 팔짝팔짝 뛰었다.

밤은 점점 12시를 향해 갔다. 어린 동생은 잠들었고 나머지 가족들은 폭죽을 들고 모두 밖으로 나갔다. 거리는 사람들로 가득 차 있었다. 웃고 떠드는 소리에 귀가 멍멍할 정도였다. 원광은 밤하늘을 바라보며 12시가 되길 기다렸다.

어디선가 '휘우웅'하는 소리가 났다. 하늘을 향해 폭죽들이 치솟아 올랐다. 폭죽은 하늘에서 쾅쾅 터지며 노랗고 빨갛고 파란 꽃들을 활짝 피웠다.

"윙" "피웅"

이어서 작은 폭죽들이 사방에서 하늘로 향해 날아갔다. 폭죽은 하늘에서 갖가지 색의 별로 변했다. 원광도 폭죽을 하늘 높이 쏘아 올렸다. 노란 별이 하늘 위에서 반짝 빛을 냈다.

"와, 멋지다!"

원광은 저도 모르게 소리를 질렀다.

"와! 와!"

이번엔 사방에서 함성이 울렸다. 원광도 함성을 질렀다. 아버지가 원광의 귀에 대고 큰 소리로 물었다.

"원광아, 춘절 전날 왜 이렇게 폭죽을 터뜨리는 줄 아니?"

아버지는 전통을 중요하게 여겨서 가끔 원광에게 시험처럼 질문을 하곤 했다. 원광은 아버지의 귀에 대고 큰 소리로 대답했다.

"괴물 년(年)은 몸통의 반은 용, 반은 사자 모습을 하고 있어요. 그 괴물은 춘절 전날 사람들을 공격해요. 그런데 년은 큰 소리와 붉은 색, 불을 싫어해요. 그래서 폭죽을 터뜨리고 함성을 지르고 붉은 색 글씨를 붙이고 붉은 등을 다는 거예요."

"흠, 잘 아는구나. 넌 우리 집 장남이니 우리 전통을 잘 알고 지켜야 한다. 절대 서양인이 되려고 해선 안 된다."

아버지는 장남인 원광에게 항상 엄격하게 대했다. 장남으로서 전통을 이어가야 한다고 종종 이야기했다.

불꽃놀이는 첫 번째 보름인 원소절까지 계속되었다. 초저녁 잠은 어디로 달아났는지 저녁이 되어도 말똥말똥했다. 진원광은 처음으로 축제를 맘껏 즐겼다.

원소절이 시작되자 거리엔 갖가지 등이 달렸다. 등은 마치 하늘에서 내려온 달과 별 같았다. 거리에 나서면 마치 두둥실 떠 있는 달들과 은하수 사이를 걷는 기분이었다.

어머니는 가족들에게 원소를 빚어 주었다. 원소는 찹쌀가루로 만든 피에 여러 가지 소를 넣어 동그란 모양으로 만들어 익혀 먹는 음식이었다.

"원소를 동글동글하게 만들어야 해. 동글동글한 모양은 가정의 화목과 단란함을 뜻하거든. 원소에 우리 가족이 단란하고 화목하게 살길 바라는 마음을 담았단다."

또 각종 민속행사도 있었는데 원광이 가장 좋아하는 것은 용춤이었다. 용은 풀, 대나무, 천 등으로 길게 만들었는데, 몸의 마디는 9, 11, 13마디로 만들었다. 용의 마디마다 막대를 연결해서 사람들이 용을 움직였다. 원광은 정신없이 용춤을 구경했다.

붉은 용이 빙글빙글 돌며 용트림을 쳤다. 하늘을 날기도 하고 몸을 접기도 했다.

"정말 멋지지 않아? 진짜 용이 춤추는 것 같다!"

어느새 오문고가 곁에 와서 말을 걸었다. 두 소년은 넋을 잃고 용춤을 보았다.

오문고는 13행공에서도 가장 부유한 오병감의 아들이었다. 13행은 광동 무역 전담 상점이었다.

청 왕조는 쇄국정책을 썼다. 백성들이 바다로 나가는 것을 금지하고 외국인과 거래하는 것도 금지했다. 항구 중 유일하게 광동을 개항하여 외국인과 거래하도록 했다. 거래할 때는 돈이 많은 상인들이 외국 상인들과 거래할 수 있도록 독점권을 주었다. 이 상인들의 상점을 '양행'이라 했는데 광주에 13곳이 있어 13행이라 했다.

13행공 상인들의 집은 서쪽에 있었고 동쪽엔 권문세가의 집들이 있었다. 그래서 오문고의 집은 서쪽에 있었고 진원광의 집은 동쪽에 있었다. 오문고와 진원광은 사는 곳과 신분은 달랐지만 뜻이 잘 맞는 친구였다. 항상 붙어 다녀서 쌍둥이라는 별명을 얻을 정도였다.

용춤을 보던 오문고가 갑자기 이야기를 꺼냈다.

"요즘 우리 아버지가 이상하셔. 아무래도 아편 장사를 몰래 하시는 것 같아. 예전에 아편 장사로 나라를 망쳐놓고 또 그러실까 봐 걱정이야. 아편을 없애라는 도광황제의 명을 받고 임칙서 흠차대신이 여기 오셨을 때, 아버지는 매일 불려가서 혼났어. 잘못을 빌고 많은 돈을 나라에 헌납했어. 그러면 다시는 하지 말아야 할 텐데……. 휴, 어쩌지?"

원광은 오문고의 마음이 상하지 않도록 조심해서 말했다.

"아편이 나라를 망치고 있어. 사람들은 아무것도 안 하고 아편만 피워대. 아편 때문에 사람들 정신과 육체가 죽어 가고 있어. 백성은 물론 관료들까지 말이야. 우리 작은아버지도 아편에 찌들어 방안에서 아편과 함께 세월을 보내고 있어. 아편은 한 번 중독되면 헤어 나올 수 없는 마약이야. 네 아버지께서 만약 아편 장사를 하신다면 하지 말라고 간언을 드려야 해."

"당연히 그렇게 해야겠지. 하지만 내 말을 들으실까? 아버지는 아편 때문에 나라가 망하는 건 신경 안 쓰시는 것 같아. 나라보다 개인의 이익이 더 중요한가 봐. 만약 다시 아편을 파신다면 난 아버지를 진짜 미워하게 될지도 몰라. 넌, 우리 아버지가 밉지?"

오문고가 한숨을 길게 내쉬었다. 원광도 둘째 작은아버지의 모습이 떠올라 한숨을 폭 내쉬었다.

작은아버지는 엄격한 아버지와는 달리 원광에게 자상하게 대해주고 재미있는 이야기도 많이 들려주었다. 그런데 아편을 피우기 시작한 다음부터 달라졌다. 작은아버지는 방에 틀어박혀 나오지도 않고 밥도 따로 먹었다.

　어느 날, 원광은 작은아버지가 그리워 작은아버지 방을 찾아
갔다. 방안은 어두컴컴했고 연기로 가득 차 있었다. 원광은 눈
이 매워 눈을 비볐다. 그때, 휘장 안에서 빨간 불이 번쩍였다. 원
광이 다가가 휘장을 열었다. 작은아버지는 침대에 누운 채로 긴
담뱃대를 물고 있었다.

　"작은아버지, 저 왔어요."

　작은아버지는 대답도 하지 않고 아편 연기를 내뿜었다. 작은
아버지의 눈은 멍하니 풀려 있었다. 얼굴은 검푸르게 변해 있었
고 온몸은 비쩍 말라서 멸치 같았다.

　"작은아버지, 왜 이렇게 되셨어요? 어서 아편을 끊으세요. 예
전의 작은아버지로 돌아오세요."

　진원광이 작은아버지의 옷자락을 잡고 애원했다. 하지만 작
은아버지는 한마디도 안 하고 침대 반대편으로 돌아눕더니 가
라고 손짓을 했다. 원광은 방안을 나오며 하염없이 눈물을 흘렸
다. 아편은 아편 이외의 모든 걸 무의미하게 만들었다.

　한번은 아버지가 아편을 끊게 하겠다며 작은아버지를 가두
었다.

　"죽을 것 같아요, 형님. 아편 주세요. 이러다 저 죽어요!"

　작은아버지는 문을 두드리며 절박한 목소리로 외쳤다. 한나
절이 채 지나기도 전에 작은아버지는 발작을 일으켰다. 눈이 하

얗게 뒤집히고 몸을 벌벌 떨었다. 아버지는 할 수 없이 아편을 주었다. 작은아버지는 온몸을 떨며 아편을 피웠다. 그제야 떨림이 멈추고 눈도 제대로 돌아왔다. 아버지는 화가 잔뜩 나서 말했다.

"아편을 피우다 죽건 말건 네 마음대로 해라. 하지만 다신 네 얼굴을 보지 않겠다!"

이후로 아버지는 작은아버지 방에 발걸음도 하지 않았다. 진원광도 작은아버지 방에 다시는 가지 않았다.

이런 일들 때문에 진원광은 도문고의 아버지를 썩 좋아하지 않았다. 원광이 도문고를 정다운 눈으로 바라보며 말했다.

"하지만 도문고, 넌 네 아버지와는 다르잖아? 너는 개인의 이익보다는 나라를 걱정하는 친구잖아. 난 네가 아버지 짐까지 지지 않았으면 좋겠어."

도문고의 얼굴이 환해졌다.

"고마워, 원광. 그런데 3년 전 일, 기억나니? 그때 임칙서 흠차대신이 영국 상인들에게서 아편 2만 상자를 넘게 빼앗았잖아. 영국 상인들은 아편을 안 내놓으려고 버텼지만 임칙서 흠차대신이 상관을 막아버리자 할 수 없이 아편을 내놓았지. 어린 나이였지만 그땐 속이 다 시원하더라."

"나도 그랬어. 임칙서 흠차대신께서 호문 바닷가에 아편 소각 연못을 만들었을 때가 생각 나. 광동 사람들이 다 바닷가에 몰려들었잖아. 병사들이 검은 아편 덩어리를 잘게 부수어 연못 속에 넣었고, 그 다음에 석회를 뿌려 바다로 흘려보냈지. 아편 덩어리가 뿌연 연기를 내며 바다로 흘러가니까 뭔지는 모르지만 속이 시원했어. 우린 20일이 넘게 수업이 끝나면 매일 바닷가로 달려갔잖아. 그땐 하루하루가 신났지."

원광도 신이 나서 말하다가 갑자기 걱정스런 얼굴로 말했다.

"하지만 이젠 다 소용없는 일이 되었어. 작년에 영국군이 광주를 공격했을 때, 우리는 제대로 싸워보지도 못하고 졌잖아? 지금도 영국군은 북쪽으로 올라가며 전쟁을 벌이고 있어. 중국은 영국의 무기에 힘없이 무너지고 있대. 거인이랑 난쟁이 싸움 같은 거지. 그런데도 아편만 피우고 있다니……. 우리 중국인들이 정신을 차려야 해. 아편도 그만 피우고 힘을 길러야 영국을 이길 수 있어. 하지만 어떻게 힘을 길러야 할지 모르겠어."

도문고가 얼굴을 잔뜩 찌푸리더니 두 손을 불끈 쥐고 말했다.

"난 영국이 내세운 제안에 화가 나. 홍콩을 달라고 하지를 않나, 몰수한 아편 대금도 다 내라고 하지를 않나! 정말 억지스러운 주장이야!"

"하지만 청나라도 깨어나야 해. 청나라 외에는 다 오랑캐고 우리 땅이 세계의 중심이라는 생각은 이제 버려야 해. 외국 사신이 와도 세 번 절하고 조공을 바치라고 하는 건 이 시대에는 맞지 않아."

"쉿, 조용히 해."

도문고는 누가 들을까봐 주위를 둘러보았다. 다행히 사람들은 모두 용춤에 빠져있었다.

"야, 그러다 잡혀 가. 아직 청나라 사람들은 깨어나지 않았다고."

용춤도 거의 끝나가고 있었다. 진원광은 살아있는 듯했던 용이 가짜 용으로 보여 흥을 잃었다. 용은 겉으로는 화려해 보였지만 한 번 때리면 무너져 내리는 청나라처럼 보였다. 원광은 갑자기 원소절이 시시하게 느껴졌다. 막 사자춤이 시작되었지만 진원광은 도문고와 헤어져 힘없이 집으로 돌아왔다.

원소절이 끝난 다음 날, 진원광은 아침 일찍 서원에 갔다. 공자의 위패를 향해 절을 하고 선생님께 절을 올린 후 조용히 앉아서 책을 읽었다. 조금 후 도문고와 아이들이 왔다.

요즘 진원광이 배우는 것은 시경이었다. 어린 시절엔 천자문, 삼자경, 백가성을 떼었다. 선생님은 서경, 예기, 춘추, 논어, 맹자 등을 가르칠 예정이었다. 오늘은 시경 중 '민노' 부분을 읽고 외웠다.

백성들은 고달파라

조금이라도 편안하게 했으면

우리 도읍을 사랑하여

온 세상 편안하게 했으면

거짓으로 속이는 사람 버려두지 말고

나쁜 사람 없게 하며

약탈하고 포악스런 사람들

밝고 올바름 두려워하는 사람 막아주었으면

먼 곳 사람들 편안하게 하고 가까운 사람 순종하게 하여

우리나라 안정되게 했으면

시는 원광의 가슴 가운데를 아릿하게 만들었다.

'백성들은 고달픈 삶을 살고 있어. 관리는 백성들을 수탈하고 서양인은 총으로 청나라 백성들을 죽이고. 아버지처럼 올바르게 살려는 관리도 있지만 그런 경우는 드물다고 선생님이 그러셨지.'

그때 선생님이 원광을 불렀다.

"진원광, 앞으로 나와 시를 외워보아라."

진원광은 선생님 앞에 똑바로 섰다. 원광은 한 자도 안 틀리고 외웠다.

"진원광, 잘했다. 이번엔 글씨를 쓰도록 해라."

원광은 벼루에 물을 넣고 먹을 갈았다. 먹 향이 교실에 퍼졌다. 붓을 먹물에 푹 적셔 한지에 외운 시를 막힘없이 썼다. 그러다 갑자기 시 한 편이 머릿속에 떠올랐다. 진원광은 재빨리 다

른 종이를 펼쳐놓고 시를 썼다.

내 백성을 누르는 바위가 되느니 한 포기 난초가 되리라.
어린 토끼를 물어뜯는 호랑이가 되느니 한 마리 나비가 되리라.

어느새 선생님이 원광의 뒤에 서서 원광의 시를 읽고 있었다.
"오호, 장차 시인이 되겠는걸. 시가 참 좋구나."
선생님의 칭찬에 원광은 뿌듯해졌다. 선생님은 진원광의 시를 학생들에게 읽어주며 말했다.
"관리가 되려면 진정으로 백성을 위하는 관리가 되어야 한다. 그렇지 않다면 원광의 시처럼 관리를 할 생각은 하지도 말아라."
선생님은 엄격한 표정을 지으며 말했다.
원광은 아버지 말씀이 떠올랐다. 아버지는 진원광의 귀에 못이 박히도록 말하곤 했다.
"지금 인구가 늘어 관리 되기가 하늘의 별따기란다. 정말 열심히 공부하지 않으면 너희 선생처럼 되는 거야. 학식은 있으나 벼슬이 없다면 무슨 낯으로 조상님을 뵙겠느냐. 관리가 되어 백성을 잘 다스리는 것이 바로 충이고 효란다."
"하지만 아버지, 전 관리가 되고 싶지 않아요. 관리가 된다고 해도 힘없는 나라의 관리가 무슨 일을 할 수 있겠어요?"
"이런 고얀 놈을 봤나! 아버지가 관리인 것도 싫겠구나! 나는 한 번도 관리로서 부끄러운 일을 한 적이 없다. 네 놈이 우리 가문에 먹칠을 할 놈이로구나."

아버지는 불같이 화를 냈다. 결국 원광은 아버지가 원하는 대로 말할 수밖에 없었다.

"예, 아버지 말씀대로 관리가 되는 공부를 할게요."

하지만 속마음은 달랐다. 진원광은 어린 시절부터 자주 바다로 나가 영국 상선들을 바라보았다. 영국 상선들은 커다란 돛을 달았고 엄청 컸고 바람처럼 빨랐다. 그에 비하면 중국 배는 장난감 같았다.

'영국은 얼마나 먼 나라일까? 그런데 배를 타고 이곳까지 오다니. 거센 파도를 헤치고 오는 걸 보면 청나라보다 훨씬 발전한 나라임에 틀림없어.'

원광은 커가면서 중국의 관리가 되기보다 발전된 서양의 여러 나라에 가보고 싶다는 생각을 했다.

어느새 쉬는 시간이 되었다. 학생들이 우르르 서원 뒤뜰로 놀러 갔다. 원광은 나무 그늘 아래서 도문고와 이야기를 나누었다.

"애들아, 이것 좀 봐!"

한 아이가 소리쳤다. 고위 관리의 아들인 원홍이었다. 원홍은 파리를 잡아 날개를 뜯었다. 그리곤 산 채로 개미에게 주며 낄낄대었다.

"넌 파리가 불쌍하지도 않아!"

진원광이 소리쳤다.

"그래, 파리를 놔줘. 그렇게 잔인하게 괴롭히는 건 나쁜 짓이야. 영국인이랑 다를 게 뭐야?"

도문고도 옆에서 거들었다.

"저, 저 자식이! 무슨 상관이람."

원홍이 주먹을 쥐고 칠 듯이 다가왔다.

그때, 선생님이 아이들을 불렀다. 학생들은 다시 얌전해져서 교실로 돌아갔다. 원광은 작은 벌레한테라도 잔인하게 구는 게 싫었다. 힘 있는 존재가 힘없는 존재를 괴롭히는 건 인(仁)이 아니라고 생각했다.

진원광은 그날 밤, 시경을 다시 읽었다. 그러다 산해경을 읽기 시작했다. 원광은 시경을 좋아하긴 했지만 수호지나 서유기, 산해경을 더 좋아했다. 아버지는 그런 책들은 쓸모없는 책이라며 절대 읽지 못하게 했다. 그래서 원광은 하인 우씨한테 몰래 구해 달라고 해서 읽곤 했다. 산해경에는 신기한 나라와 신기한 동물들이 나와서 보면 볼수록 재미있었다.

원광은 책을 읽다가 우씨의 아들 명걸을 불렀다.

"명걸, 이리 와. 나랑 같이 산해경 읽자."

"도련님, 전 지금 할 일이 산더미처럼 쌓여있답니다."

명걸이 싱글거리며 말했다.

"걱정 마, 내가 어머니한테 말씀드릴게."

진원광은 명걸이 자신의 공부를 도와야 한다고 어머니한테 말했다. 허락을 받자 명걸의 얼굴이 환해졌다.

"도련님, 헤헤. 고맙습니다."

"그런데 넌 어떻게 글자를 읽게 되었니?"

"도련님, 하인이 글자를 읽는 건 자랑이 아니에요. 오히려 아버지한테 혼나는걸요. 하인이 쓸모없는 공부를 해서 뭐하냐고요. 도련님께서 도련님 방에서 선생님이랑 공부하는 걸 도울 때 몰래 들으며 공부했는데, 괜히 했나 봐요. 헤헤."

명걸이 쑥스러운 듯 웃었다.

"도둑 공부를 했구나. 난 네가 글을 읽어서 좋은걸. 가끔씩 도둑 책 읽기도 해야겠어. 내가 이렇게 종종 불러 줄게. 우린 나이도 같아 친구처럼 지낸 적도 많잖아. 네가 하인이 아니었다면 좋았을걸……."

원광은 똑똑한 명걸이 평생 하인으로 살아야 한다는 게 안타까웠다. 항상 밝은 명걸의 눈에 눈물이 어른거렸다.

"도련님, 그런 말씀 하시면 안 돼요."

며칠 후, 진원광은 그림 그릴 종이를 사기 위해 도문고와 13행 거리로 갔다. 비단 상점을 지날 때였다. 진원광이 도문고를 쿡쿡 찔렀다.

"저기 이상한 사람이 있어. 여태 본 외국 상인과는 달라."

그 외국인들은 길게 내려오는 검은 옷을 입고 있었다.

"저 사람은 서양인 목사야. 우린 공자를 모시지만 저 사람은 하느님을 모신대. 중국사람 중에 양발이란 사람도 하느님을 모셨대. 그 사람은 10년 전에 '권세양언'이란 책을 만들어 과거 시험을 보러 오는 사람들에게 주었대. 물론 양발은 멀리 쫓겨났지. 난 저 목사랑 이야기해 본 적이 있는데 사람들은 다 평등하대. 하인도 다 하느님의 자식이라는 거야. 정말 사람은 평등한 걸까?"

진원광은 고개를 갸우뚱했다.

"하지만 하인이 없다면 누가 옷을 빨아주고 음식을 해주니? 우리는 하인 없이 하루도 못 살 걸."

"맞아. 그게 문제야. 그런데 하인들, 신분이 낮은 사람들, 과거에 낙방한 사람들이 하느님을 믿는 건 이유가 있는 것 같아. 하느님을 믿으면 그 사람들은 평생 하인이나 신분이 낮은 사람으로 살지 않아도 되지. 우리랑 똑같은 신분이 되는 거야."

진원광은 잠시 생각에 잠겼다. 서원 선생님은 항상 중국 관리들은 부패하고 백성들은 살기 어렵다고 했다. 이곳 광동을 벗어나면 일반 사람들은 먹을 것이 없어 굶주리고 겨울철에도 얇은 옷 하나로 버텨야 한다고 했다.

"백성들은 나쁜 관리 대신에 모두를 똑같이 대해주는 하느님이 더 좋은가 봐. 어쩌면 사람은 정말로 평등할지도 몰라. 명걸은 하인인데도 책을 읽을 줄 알아. 하인으로 태어나서 하인인

거지 만약 관리의 아들로 태어났다면 정말 똑똑한 사람이 되었을 거야."

진원광의 마음속엔 깊은 의문 덩어리가 자리 잡았다. 원광은 의문 덩어리를 안은 채 집으로 돌아왔다.

집으로 돌아왔을 때는 벌써 해가 졌다. 집 담은 어둠에 잠겨 마치 거대한 성벽처럼 보였다. 대문을 열자 영벽(벽가림)이 앞을 가로막았다. 영벽을 지나 다시 대문을 열자 마당이 나타났다. 마당을 가로질러 정면 건물(정방)로 가자 어른들이 모여 회의를 하고 있는지 시끄러운 소리가 들렸다. 정방 양쪽으로 길게 방들이 늘어서 집은 네모 모양을 하고 있었다. 원광은 정방을 지나 안채로 들어갔다.

"어머니, 다녀왔습니다."

"너무 늦었구나. 나랑 집안 어른들께 인사드리러 가자"

어머니가 원광을 기다린 듯 다급하게 걸어왔다. 어머니는 오리처럼 뒤뚱거리며 종종걸음으로 걸어왔다. 원광은 어머니 발을 안쓰럽게 바라보았다. 작고 뾰족한 신발 속에 발은 겨우 들어가 있었다. 원광은 언젠가 어머니의 벗은 발을 본 적이 있었다. 발가락은 구부러져 있었고 곪아 가고 있었다.

'참 이상한 풍습이지. 왜 작은 발이 예쁘다는 걸까? 예전에 바닷가에서 본 서양 여자는 신분이 높아 보이는데도 당당히 걸어 다니던데. 내 부인은 똑바로 걷는 사람을 얻을 거야.'

원광은 어머니 발을 다시 안타깝게 쳐다보았다.

하지만 얼마 후, 여동생이 전족을 해야 하는 날이 왔다.

"어머니, 동생은 전족을 안 하면 안 돼요? 전족을 하면 잘 걷지도 못하잖아요."

원광이 애원하며 말했다.

"여자는 돈 많고 지위가 높은 남자를 만나야 해. 그러려면 발 모양이 예뻐야 한단다. 발 모양이 예쁘지 않으면 시집도 못 가지. 네가 아직 청나라 현실을 몰라서 하는 소리야. 원광, 넌 언제 철이 들래?"

어머니는 원광을 못마땅하게 바라보았다.

"우씨, 어서 가서 닭을 잡아 와!"

곧 우씨가 닭을 잡아 왔다. 어머니는 우씨 부인과 함께 동생의 발을 닭의 뜨거운 뱃속으로 집어넣었다.

"어머니, 뜨겁고 이상해요."

"참아야 한다. 이렇게 해야 발이 부드러워진단다."

잠시 후, 우씨 부인은 닭 뱃속에서 동생의 발을 꺼냈다. 그런 후 동생의 엄지발가락만 놔두고 발가락을 완전히 꺾어 발바닥에 밀착시켰다.

"으앙, 싫어. 아파, 아프단 말이에요."

동생이 소리치며 울었다. 어머니는 동생의 몸을 꽉 잡고는 말했다.

"아가, 송나라 유학자 주희는 이런 말을 했어. '남자는 양이요, 여자는 음. 여자라면 작고 여리고 부드러워야지. 발까지도.' 모름지기 여자 발은 부드럽고 연꽃 모습이어야 아름다운 거란다."

그리곤 동생의 발에 억지로 신발을 신겼다.

"으앙, 아파! 아파요!"

"자, 이제 걸어보아라!"

하지만 동생은 바닥에 앉아 울기만 했다. 어머니가 화를 내며 말했다.

"빨리 걸으라니까! 안 그러면 벌 받을 줄 알아라!"

여동생은 할 수 없이 걷기 시작했다. 하지만 겨우 몇 걸음을 걷다가 넘어졌다.

"으앙!"

"빨리 일어나 걸어라!"

동생은 울음을 그치지 않았지만 어머니는 계속 걷게 했다. 진원광의 눈에서도 눈물이 흘렀다. 누구보다도 똑똑하고 귀여운 동생이라 더욱 마음이 아팠다.

진원광은 동생의 모습을 더 이상 볼 수 없어 방으로 돌아왔다. 마음을 달래려 산해경을 꺼냈다. 원광은 '박'이란 동물이 나오는 부분을 펴서 읽었다.

동쪽으로 300리를 가면 기산이 있다. 산 남쪽에는 옥이 많이 나고 북쪽에는 괴상한 나무가 많이 자란다. 이곳의 어떤 짐승은 양처럼 생겼는데 꼬리가 아홉이고 귀가 넷이며 눈은 등에 붙어 있다. 그 이름은 박이라고 하며 몸에 차면 두려움이 없어진다.

진원광은 종이에 '박'을 그렸다. 박은 세상을 박차고 달릴 듯 보였다. 그러자 슬픔이 멀리 달아나는 것 같았다. 하지만 동생의 울음소리는 잠 속까지도 따라왔다.

다음 날, 원광은 마음을 달래려 뒤쪽 건물로 갔다. 친척들이 살고 있는 뒤쪽 건물은 진원광이 살고 있는 앞쪽 건물과 연결된 건물이었다. 거기엔 친척 아저씨가 만든 작은 정원이 있었다. 정원은 온갖 꽃들을 심고 나무들을 아름답게 가꾸어 마치 신선세계 같았다. 꽃들이 갖가지 색깔을 뽐내며 짙은 향을 뿜어냈다. 나뭇잎들은 햇빛을 받아 찬란하게 빛났다. 고요하고 아름다운 세상이었다. 그제야 원광의 마음 속 슬픔 덩어리가 줄어드는 것 같았다.

그러던 어느 날, 진원광에게 신나는 일이 생겼다. 도문고의 아버지가 북경의 경극 배우들을 초청한 것이었다. 북경에서 유행하는 경극 '패왕별희'를 공연한다는 소문에 한동안 광동은 술렁거렸다. 패왕별희는 초나라 항우가 한나라 유방에게 패하고 죽는 이야기였다.

드디어 13행 공터에 커다란 무대가 설치되었다. 무대 정면으로는 관람객들을 위한 의자가 놓였다. 사람들은 아침부터 경극이 시작되길 눈이 빠지게 기다렸다. 13행공의 상인들은 물론 관리들, 평민들, 하인들까지 다 모여들었다.

공연이 시작되자 얼굴에 분장을 한 사람들이 화려한 옷을 입고 등에 깃발을 꽂은 채 무대로 뛰어나왔다. 징이 울리고 북이 '둥둥' 소리를 냈다. 나팔이 울리고 '지잉지잉' 현호가 울었다. 원광의 심장이 음악 소리에 맞춰 쿵쿵 뛰었다.

초패왕은 얼굴은 흰색으로 칠하고 눈 주위를 검고 크게 칠했다. 이마에도 검은 무늬를 그려 넣었다. 왕관은 붉은 색 공 같은 것으로 화려하게 장식하고 검은 수염은 가슴까지 길게 내려왔다. 우희의 얼굴은 흰색으로 칠하고, 눈가는 붉은 색으로 칠했다. 머리엔 흰 구슬이 달린 아름다운 왕관을 쓰고 노란 비단옷을 입고 있었다. 우희가 움직일 때마다 구슬도 찰랑이며 반짝였다.

항우는 패해 죽음의 길에 들어섰지만 도망치지 않았다. 사랑하는 첩 우희에게 도망가서 목숨을 구하라고 하지만 우희 역시 도망가지 않고 사랑하는 이의 곁을 지켰다. 극은 결말을 향해 달려가고 있었다. 원광은 긴장감에 숨도 잘 안 쉬어졌다.

초패왕이 노래를 불렀다.

"힘은 산을 뽑을 만하고 기운은 세상을 뒤덮을 만하네.
때가 불리하여 말 또한 나아가지 않네.

말이 나가지 않으니 어찌할 것인가?

우희야 우희야, 그대를 어찌해야 좋겠는가?"

그러자 우희가 눈물을 흘리며 구슬프면서도 가는 목소리로 노래를 불렀다.

"대왕이 의기조차 다했는데 제가 구차히 살아서 더 무엇하리오?"

우희가 갑자기 초패왕의 칼을 뽑아 자신을 찔렀다. 우희가 무대에 풀썩 쓰러졌다. 항우가 죽은 우희를 안고 슬픔에 잠겼다. 잠시 후, 초패왕도 칼을 뽑아 자신을 찌른 후 우희 곁에 쓰러졌다.

사람들이 박수를 치며 환호성을 질렀다. 진원광의 눈에선 눈물이 흘렀다. 도문고의 눈시울도 붉어져 있었다. 사람들 대부분이 자리를 떴지만 몇몇 사람들은 무대 곁에서 이야기꽃을 피웠다. 진원광과 도문고도 무대 곁에서 흥분된 목소리로 이야기를 나누었다.

"정말 아름다운 연극이었어. 우희의 목소리는 어쩜 그렇게 아름다울까? 우희가 죽을 땐 정말 슬펐어."

진원광의 눈시울이 또 붉어졌다.

"초패왕의 우렁찬 목소리도 좋았어. 초패왕은 정말 용기가 대단해."

"태어나서 이런 극을 보다니. 우린 정말 행운아야. 그런데 사면에 둘러싸인 초패왕이 중국의 처지와 비슷하지 않아?"

진원광의 말이 채 끝나기도 전에 누군가 소리를 질렀다.

"앗, 저기 영국인이다!"

"잡아라!"

갑자기 사람들이 우르르 영국인을 향해 달려갔다. 영국인은 괴성을 지르며 힘껏 달려 도망쳤다. 진원광과 도문고도 달리기 시작했다. 사람들은 바닷가 근처에 이르러서야 영국인을 붙잡았다. 영국인은 겁에 질린 얼굴로 무릎을 꿇었다.

"더러운 영국놈들. 우리나라가 어떤 나라인 줄 알아? 세상의 중심이라고. 이런 나라를 자기들 마음대로 하려고 해?"

"우리 땅에서 전쟁을 벌이다니!"

"우리 땅을 훔쳐가려고 해?"

사람들은 영국인을 때리고 발로 찼다. 영국인이 겁에 잔뜩 질린 채 어눌한 말투로 말했다.

"사-사려주세오."

"어떡하지? 저러다 사람 죽겠어. 말려야 해."

원광이 사람들 사이에 끼어들려 하자 명걸이 진원광을 힘껏 잡아끌었다.

"도련님, 이런 일에 연루되시면 큰일 나십니다. 주인님께서 아시면 외출도 금지 당하세요."

"그래, 우린 빠지자. 여기서 막으면 우리까지 영국놈들 편이라고 할지도 몰라."

도문고가 말했다.

원광은 무거운 발걸음으로 집으로 돌아왔다. 가끔 영국인을 공격한다는 소문은 들었지만 오늘 직접 보니 가슴이 떨렸다. 영국인이야 밉지만 그렇다고 영국인을 공격한다면 어떻게 될지 그 다음 일이 걱정되었다.

'아편을 없앴다고 홍콩을 달라는 나라야. 혹시 이 사건을 트집 잡아 무엇을 달라고 할지 아무도 모르는 일이야.'

원광은 그날 이런저런 생각으로 잠을 이루지 못했다.

며칠이 지났다. 원광은 홀로 바닷가를 거닐며 생각에 잠겼다. 흰 갈매기가 푸른 하늘을 날고 있었다. 갈매기는 날개를 펼친 채 바람을 타고 빠른 속도로 날았다. 원광은 갈매기처럼 자유롭게 훨훨 날아가고 싶었다.

그때, 도문고가 뛰어왔다. 도문고가 숨을 헉헉거리며 말했다.

"원광아, 큰일이 벌어졌어. 아버지랑 어른들이 이야기하는 걸 들었는데 영국과 우리나라가 남경에서 불평등 조약을 맺었대.

중국은 영국에게 홍콩을 주어야 하고, 5개 항구를 개방하고, 개항장에 영국 영사관을 두어야 한대. 독점상인을 폐지하고, 배상금을 지급하고, 관세는 서로 의논해서 결정해야 한대. 이제 13행 시대도 간 것 같아. 앞으로는 모든 게 어려워질 거야. 뭐든지 영국 놈들 마음대로 하려고 하니……."

"아편 같은 독약을 팔다가 못 팔게 하니 이젠 힘으로 밀어 붙이는구나. 앞으로 우리나라는 어떻게 될까?"

원광이 침통한 얼굴로 말했다.

그날 이후 광동 사람들은 거리에 모여서 수군대었다. 얼굴엔 불안한 기색이 가득했다. 원광의 아버지도 항상 침통한 표정이었다.

어느 날 밤, 원광은 굳은 결심을 하고 아버지 방을 찾아갔다.

"아버지, 드릴 말씀이 있습니다."

"그래 무슨 일이냐?"

"아버지는 아직도 제가 청나라의 관리가 되길 바라십니까?"

아버지는 굳은 표정으로 입을 다물었다.

"앞으로는 더 많은 나라가 청나라에게 불평등한 조약을 요구할 거예요. 전 그런 나라의 관리가 되고 싶지는 않아요.

아버지, 만주족은 드넓은 평야를 달리던 민족이라고 하셨잖아요. 드넓은 세상으로 나가 서양을 배워올게요. 그래서 청나라가 영국을 이길 수 있도록 힘센 나라로 만들게요."

원광의 아버지는 한참 동안 아무 말도 안 했다. 그러다가 원광을 부드러운 눈으로 바라보았다. 항상 엄격하기만 하던 아버지가 그런 눈으로 보니 원광은 어쩔 줄 몰랐다.

"원광아, 광동은 양(洋)의 도시, 이삭의 도시란다. 옛날 이곳에 극심한 가뭄이 들었을 때, 하늘에서 다섯 마리 양이 다섯 색깔의 벼 이삭을 전해주었기 때문에 그렇게 불리는 거란다. 이제 이 아름다운 도시가 다른 나라의 손에 들어가게 생겼구나. 임칙서 흠차대신께서 서양을 배워야 한다는 말씀을 항상 하셨는데 그때 난 귓등으로도 안 들었지. 오로지 청나라가 세상의 중심이라는 생각만 했단다. 임칙서 흠차대신의 말씀이 맞구나. 그래! 청나라를 떠나 서양으로 가거라. 가서 힘을 길러오너라.”

“아버지, 감사합니다. 제 하인으로 명걸을 데리고 갈게요. 허락해주세요.”

“그리 하도록 해라.”

원광은 아버지에게 감사의 큰절을 올렸다.

다음 날, 원광은 도문고에게 달려갔다.

“도문고! 드디어 청나라를 떠날 수 있게 되었어. 아버지께서 허락해주셨어. 난 서양의 모든 것을 배우고 그들을 앞질러 갈 거야. 그래서 청나라를 영국보다 훨씬 힘센 나라로 만들 거야. 명걸도 데리고 가서 공부하게 해줄 거야. 너도 같이 가자.”

도문고가 원광의 손을 꽉 붙잡았다.

“원광, 나도 너랑 떠날게. 나도 허락 받을 수 있을 거야. 우리 아버지도 앞으론 장사하기 힘들 거라고 매일 한숨만 쉬셔. 그래, 난 영국을 이길 수 있는 상인이 될게!”

해가 붉은 노을을 남기고 서쪽으로 지고 있었다. 먼 하늘이 빨갛게 물들었다. 진원광과 도문고의 마음도 붉게 타올랐다.

이후 진원광과 도문고는 어떻게 되었을까? 당연히 배를 타고 중국을 떠났다. 그리고 서양의 기술과 문명을 배우고 익혀 중국을 발전시키는 인물이 되었을 것이다.

청나라를 알기 위해 꼭 알아야 할 역사 상식

아편전쟁

영국은 청나라에 모직물을 수출했고 청나라는 영국에 생사, 도자기, 차 등을 수출했다. 그런데 영국은 생각지도 않게 청과의 무역에서 적자를 보게 되었다. 영국의 은화가 다 청나라로 흘러들어갈 판이었다. 영국은 무역적자를 해소하기 위해 동인도 회사를 통해 아편을 청나라에 수출했다. 청나라 사람들이 아편에 중독되면서 아편 밀수입은 점차 늘어나 이번엔 청나라의 은화가 영국으로 흘러들어가게 되었다.

그러자 청 황제는 아편 문제의 심각함을 인식하고 임칙서를 무역지인 광동에 파견했다. 임칙서는 과감하게 아편 수입을 금지하고 영국 상인으로부터 2만여 상자의 아편을 몰수해서 바닷물에 버렸다.

이에 화가 난 영국은 의회에서 청나라를 공격하기로 결정했다. 1840년 영국군을 보내 청나라를 공격했고 1841년에는 광동에 상륙해서 광주를 점령했다. 이후 영국군은 상해를 점령하고 남경까지 거침없이 진격했다. 청나라 황제는 영국군이 북경 밑의 천진을 공격한다는 소식에 어쩔 수 없이 1842년 영국과 협상을 하게 되었다. 이를 남경조약이라 한다.

남경조약은 홍콩을 영국에 넘겨주고 5개 항구를 개방하고, 전쟁 배상금 1200만 달러와 아편 배상금 600만 달러를 영국에 지불하고, 공행의 독점 무역을 폐지하고, 수출입의 관세를 정하고, 양국 간의 문서 교환은 동등한 형식을 사용한다는 내용의 불평등 조약이었다. 중국의 문을 열게 한 아편 전쟁을 세계사에서도 '더러운 전쟁'이라고 불렀다.

중국은 남경조약 이후, 미국을 비롯해 다른 유럽 열강과도 불평등 조약을 맺게 되었다.

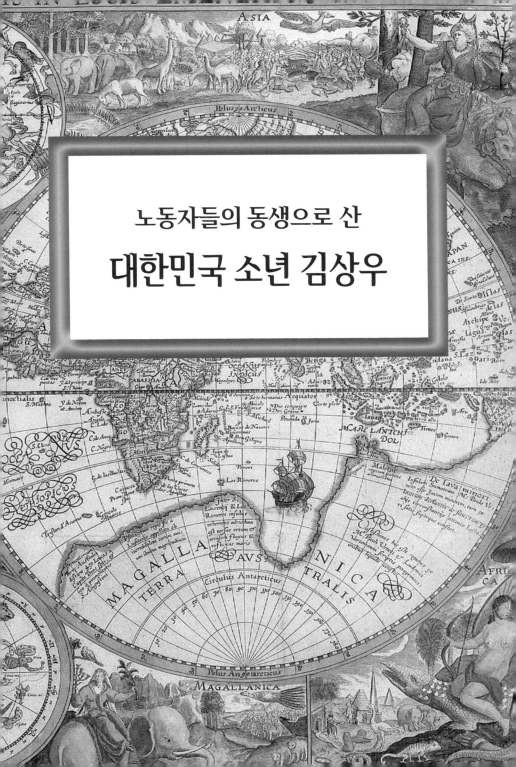

노동자들의 동생으로 산

대한민국 소년 김상우

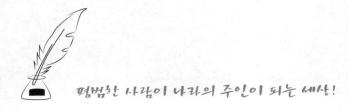

진원광이 살았던 중국 바로 오른 쪽에 대한민국이 있다. 바로 여러분이 사는 나라다. 그곳에서 우린 열 번째 소년을 만날 것이다. 우리나라 소년 이야기지만 40여 년 전이라 어쩌면 다른 나라 이야기처럼 느껴질지도 모른다. 하지만 다른 나라 이야기도 아니고, 아주 오래된 이야기도 아니다. 자, 그럼 소년을 만나러 가 보자. 저기 소년이 보인다.

소년은 가방을 메고 친구랑 집을 향해 걸어가고 있었다. 갑자기 애국가가 울렸다. 사람들이 모두 멈추어 섰다. 상우도 우뚝 멈추어 섰다. 민우도 두 손을 옆구리에 붙이고 똑바로 섰다. 벌써 6시가 다 된 거였다. 길거리에 애국가가 울리면 모두 이렇게 얼음처럼 서있어야 한다.

"동해물과 백두산이 마르고 닳도록……."

상우는 지루해서 발로 톡톡 바닥을 찼다.

"이놈, 똑바로 서지 못해!"

옆에 서 있던 아저씨가 눈을 부라리며 야단을 쳤다. 상우는 다시 똑바로 섰다. 나이 많은 사람들은 애국가가 울릴 때 움직이면 큰일 나는 것처럼 굴었다.

'에이, 조금만 일찍 집에 갔으면 좋았을 걸.'

상우가 오늘 늦은 건 반공포스터 숙제를 안 해 갔기 때문이었다. 어제 누나를 기다리다 깜빡 잠이 들어서 숙제를 하지 못했다. 숙제를 못한 건 민우도 마찬가지였다.

며칠 전, 선생님은 입에 침을 튀기며 말했다.

"북한은 공산주의 국가야. 아주 새빨간 놈들이지. 남한을 침략하려고 호시탐탐 노리고 있단다. 그런 생각을 담아 반공포스터를 그려오면 돼. 잘 그리면 상을 줄 거고 안 그려오면 혼날 줄 알아!"

하지만 상우도 민우도 숙제를 못 했다. 둘은 화장실을 청소하고 벌을 서느라 집에 늦게 가게 된 것이었다.

선생님은 국기에 대한 맹세를 외울 때도 크게 외우지 않으면 혼냈다. 특히 상우랑 민우는 유난히 자주 혼냈다. 상우는 어쩐지 학교만 가면 기가 죽었다.

특히 도시락을 먹을 때면 더 그랬다. 선생님은 밥에 잡곡이 섞였나 안 섞였나 매일 검사했다. 잡곡이 안 섞였으면 혼났다. 상우가 도시락 갖고 혼날 일은 없었다. 하지만 막상 도시락을 먹으려 하면 김치 하나만 달랑 꺼내놓고 먹기가 창피했다. 그래서 그런지 학교에 가면 자꾸만 어깨가 움츠러들었다.

드디어 애국가가 끝났다. 상우가 한숨을 크게 내쉬며 말했다.

"휴, 드디어 끝났다. 근데 난 어릴 땐 북한 사람들이 온몸이 빨갛고 뿔이 달린 도깨비라고 생각했어."

"으하하. 바보. 저기 전봇대에 붙어있는 전단지를 봐. 의심나면 다시 보라고 되어 있잖아. 그러니까 우리랑 똑같이 생긴 거지."

민우가 손가락으로 전봇대를 가리키며 말했다.

"어릴 때 그랬다는 거지, 뭐. 핏."

둘은 전봇대에 붙은 전단지를 보았다. 산속에 사납게 생긴 아저씨가 숨어 있었고 어떤 아저씨가 그 사람을 가리키면서 경찰서에 신고하는 그림이었다. 그 옆에는 글씨가 쓰여 있었다.

의심나면 다시 보고 수상하면 신고하자.

간첩과는 대화 없다.

간첩 잡아 애국하고 유신으로 번영하자.

수상한 사람이 간첩으로 판명되면 150만원까지의 상금을 드립니다.

"아, 간첩을 잡으면 얼마나 좋을까? 그럼 판자촌에서 벗어날 수 있을 텐데."

상우가 꿈꾸는 듯한 얼굴로 말했다.

"맞아, 난 간첩을 잡으면 화장실이 있는 집을 살 거야. 공중변소는 정말 싫어. 아침마다 줄 서서 기다리다 쌀 것 같단 말이야."

민우는 말하며 오줌 마려운 표정을 지었다.

"하하하, 너 정말 오줌 쌀 것 같다. 난 저번에 오줌 때문에 아침부터 학교로 달려간 적이 있어. 줄이 너무 길어 세수도 못 하고 학교로 달려갔다니까. 난 간첩을 잡으면 화장실이 있고 방도 두 개 있는 집부터 살 거야."

두 소년은 발걸음을 멈추고 주위를 두리번거렸다. 혹시 간첩이 있지 않나 해서였다. 하지만 간첩 같은 사람은 코빼기도 보이지 않았다.

상우는 민우와 헤어져 방학천 옆에 있는 집으로 돌아왔다. 민우네는 방학천 아래쪽에 집이 있고 상우네는 위쪽에 있었다.

집으로 돌아오니 방은 찜통이었다. 판자로 지은 허름한 집에는 비키니 옷장 하나와 서랍장 하나와 상 하나만 덜렁 놓여 있었다. 상우는 문을 열어놓고 손 부채질을 했다. 누나가 언제쯤 올까 궁금해서 밖을 내다보았지만 올 기미는 보이지 않았다. 하긴 이 시간에 누나가 올 리가 없었다.

누나는 언제나 밤늦게 집으로 돌아왔다. 이웃집 누나들도 모두 마찬가지였다. 누나들은 모두 평화시장에서 일했다. 누나들은 모두 비슷해 보였다. 비쩍 마르고 얼굴은 누렇고. 얼굴색이 마치 누런색 봉투 같았다. 상우는 그런 누나를 볼 때면 가슴이 아팠다. 그러면서도 자꾸 응석을 부리고 싶어졌다. 누나와 같이 잠들 때면 이렇게 말하곤 했다.

"누나, 좀 일찍 오면 안 돼? 아니면 예전처럼 시골 가서 살면 안 돼?"

누나는 가만히 상우를 안아주며 말했다.

"아버지가 많이 아프시잖아. 약값 벌어야지. 그리고 시골에 있어 봤자 쌀값이 똥값이라 빚만 더 늘어. 다신 구례에 갈 수가 없어. 그리고 난 초등학교밖에 안 나왔지만 너라도 서울에서 공부해야지. 열심히 공부해서 대학생이 되고 높은 사람이 되면 돈도 많이 벌 거고, 그러면 무어든 못하겠니? 누나도 시간 되면 야학에서 공부할 거야."

상우는 보리밥도 실컷 못 먹었지만 시골에서의 추억을 잊을 수 없었다. 봄이면 친구들이랑 진달래와 찔레 순을 따먹고 여름이면 가재를 잡아 냇가에서 끓여 먹었다. 맑은 시냇물에서 풍덩풍덩 멱을 감던 일, 가을이면 나락을 주워 구워먹던 일, 토끼를 잡는다고 겨울에 산을 헤집고 다니던 일. 집은 가난했지만 좋은 추억뿐이었다.

하지만 시골에서 올라온 사람들은 상우네만이 아니었다. 판자촌에 사는 사람들 대부분은 시골에서 농사를 짓다 올라온 사람들이었다. 시골에서 새로 온 사람들이 판잣집 옆에 또 판잣집을 지어서 판자촌은 강둑을 사이로 길게 늘어서 있었다.

'너라도 서울에서 공부해야지. 대학생이 되면 무어든 못 하겠니?'

상우는 귓가에 누나의 말이 울리는 것 같았다. 누워있던 상우가 벌떡 일어나 국어책을 폈다. 자꾸 잠이 왔지만 누나를 생각해서 열심히 공부해야겠다고 마음먹었다. 그러다 스르르 잠이 들었다. 상우는 깜깜해진 다음에야 일어났다. 누나는 아직도 돌아오지 않았다. 상우는 밥을 먹고 학교 숙제를 하며 누나를 기다렸다. 시간은 아주 천천히 흘러갔다.

12시 통행금지 시간을 알리는 소리가 울리자마자 누나가 헐레벌떡 집으로 뛰어 들었다.

"어휴, 다행이다!"

"누나! 오늘도 하마터면 경찰서 갈 뻔했잖아. 저번에도 경찰서에서 잤다며."

"오늘 달리기 실력 좀 발휘했……."

누나는 말을 잇지 못하고 콜록콜록 기침을 해댔다. 상우는 얼른 이불을 폈다. 누나는 새벽에 나가야 한다고 말하곤 바로 잠이 들어버렸다.

'새벽부터 일하면 피곤할 텐데. 잠이 부족해서 어떡하지? 저 기침은 언제쯤 멈출까…….'

상우는 잠자리에 누워서도 누나가 걱정되었다.

며칠 후, 아침 조례 시간이었다. 선생님이 자꾸 상우를 쳐다봤다. 상우는 또 무엇을 잘못 했나 가슴이 두근거렸다.

"반공 글짓기 대회 최우수상 김상우! 앞으로 나와라."

상우는 선생님 앞에 섰다. 상장을 두 손으로 받고 인사를 하자 선생님이 머리를 쓰다듬어주었다. 순간 아이들이 일제히 박수를 쳤다. 뒤로 돌아서자 70명이 넘는 아이들이 여전히 박수를 치고 있었다. 상우는 웃음을 참으며 자리로 돌아와 앉았다. 민우가 상우를 쿡쿡 찌르며 말했다.

"자식, 네가 웬일이냐?"

"이제부터 무엇이든 열심히 하기로 했거든. 그동안 대충 썼는데 이번엔 정말 열심히 썼어."

상우가 작은 소리로 속닥였다. 상우는 상장을 자꾸 들여다보았다.

'반공 글짓기 대회 최우수상 김상우'

자랑스러움으로 가슴이 자꾸 일렁였다. 상우는 누나한테 상장을 빨리 보여주고 싶었다. 누나가 기뻐하는 모습이 눈에 선했다.

상우는 누나 공장으로 가기로 했다. 누나는 무슨 일이 생기면 공장으로 오라며 공장까지 상우를 데려간 적이 있었다. 상우는 집에 가서 몰래 숨겨둔 돈을 찾았다. 그리고 버스를 타고 평화시장으로 갔다. 누나가 다니는 공장은 3층에 있었다. 3층엔 여러 개의 방들이 나란히 줄지어 있었다. 방안에 들어서자 상우는 뜨거운 공기에 숨이 턱 막히는 것 같았다.

"드륵드륵드르륵⋯⋯."

그 방 안에서 재봉틀에 앉은 누나들이 쉼 없이 재봉틀을 돌리고 있었다. 한 아저씨는 옷감에 대고 무언가 그리고 있고 재봉틀 반대쪽에도 빼곡히 누나들이 앉아서 실밥을 뜯거나 다림질을 하고 있었다. 작은 공장인데도 사람들이 많아 누나를 찾기 힘들었다.

"이것이, 확 그냥! 또 졸았어? 아까 졸립다고 해서 타이밍 약도 먹었잖아. 너 쫓겨나고 싶어?"

배불뚝이 아저씨가 누군가의 머리를 콩 때렸다. 누나였다. 상우는 누나한테 달려갔다.

"우리 누나, 때리지 마세요!"

상우가 누나를 감싸 안았다. 누나가 깜짝 놀라며 말했다.

"어떻게 왔어? 빨리 가. 누나 일해야 해. 콜록콜록."

누나가 갑자기 기침을 터뜨렸다. 상우는 공장을 둘러보았다. 공장의 천장은 상우 키가 닿을 듯 낮았다. 2층도 있는지 아저씨가 옷감을 잔뜩 안고 사다리를 타고 내려왔다. 아저씨가 좁은 공간에 옷감을 펼치자, 옷감에서 먼지가 펄펄 날렸다. 누나가 다시 기침을 했다. 상우도 코가 간질간질하고 기침이 나려했다.

'이러니 매일 기침을 하는구나.'

상우는 가슴 가운데가 아려왔다. 상우가 코를 비비며 말했다.

"누나, 나 상 받았어."

상우가 자랑스럽게 상장을 펼쳤다. 누나 눈에서 눈물이 흘렀다.

"용미는 좋겠다. 동생이 상도 받고. 애들아, 박수라도 쳐 주자."

옆에 있던 누나 말에 누나들이 모두 일을 멈추고 박수를 쳤다.

"자자, 그만 하고 일하자. 오늘 밤새워야 할지도 몰라. 꼬맹이 는 얼른 집에 가라. 일하는데 방해하지 말고."

배불뚝이 아저씨가 상우 등을 떠밀었다.

"그래, 빨리 가. 조금이라도 쉬면 또 야근해야 돼."

상우는 떠밀리듯 공장을 나섰다. 상우는 공장의 모습과 거기 서 있었던 일들이 내내 머리에서 가시지 않았다. 그런 공장에서 하루도 버티기 힘들 거란 생각이 들었다.

'약을 먹고 야단까지 맞아가며 일하고 있었다니.'

마음속에서 부글부글 화가 치밀어 올랐다. 버스 정류장에서 차를 기다리며 자꾸 전봇대를 발로 찼다.

"얘, 얘, 전봇대 무너지겠다."

늘씬한 누나가 예쁘게 화장을 하고 아주 짧은 치마를 입고는 생글거리며 말했다.

"참견 마세요."

예쁜 누나가 장난기 가득한 눈으로 상우를 쳐다보며 말했다.

"꼬맹이가 무슨 화가 그렇게 났니? 무섭다, 얘."

그때, 어디선가 경찰 두 명이 나타났다. 예쁜 누나는 어쩔 줄 몰라 했다.

"아가씨, 치마가 너무 짧은데. 미니스커트 입으면 안 되는 거 알면서 이따위로 옷을 입어?"

"제 치마는 20센티 넘어요. 정말이에요."

경찰 아저씨들은 치마에 자를 갖다 댔다.

"음, 역시 너무 짧아. 20센티가 안 되네."

"아저씨 한 번만 봐 주세요."

경찰은 누나 말을 무시하고 누나를 끌다시피 데려갔다. 경찰이 가자 머리를 어깨까지 기른 형이 통기타를 메고 청바지를 입고 나타났다.

"별 걸 다 참견이야. 짧은 치마와 긴 머리는 자유의 상징이라고. 자유를 누리려면 경찰을 피해 다녀야 하다니……. 참내, 통제를 하면 다 되는 줄 안다니까."

장발을 한 형은 혼자서 계속 투덜거렸다.

'우리 누나는 미니스커트도 한번 못 입어 봤는데.'

누나 친구 중에는 가끔 미니스커트를 입는 누나도 있었지만 누나는 회색 바지 두 벌을 번갈아 입고 다녔다. 상우는 그게 자기 때문인 것 같아 미안했다.

'중학교 가지 말고 공장에 취직할까? 돈 벌면 누나 옷부터 사 줘야지. 예쁜 색깔 옷으로 꼭 사줄 거야.'

하지만 상우는 누나가 자신을 절대 공장에 보내지 않으리라는 걸 알고 있었다. 동생이 대학 가는 게 꿈인 누나가 동생을 공장에 보낼 리 없었다. 상우는 누나를 위해서 열심히 공부해야겠다고 마음먹었다.

그날 밤, 누나가 집에 돌아와서 상우 손을 잡고 말했다.

"우리 상우 참 장하다. 상도 받고. 앞으로도 열심히 해야 해. 상우야, 너 아까 봤지? 공돌이 공순이들은 이런 대접밖에 못 받는 거야. 그러니까 넌 대학생이 돼서 이런 대접 받지 말고 살아."

누나 눈에 눈물이 그렁그렁했다.

"누나도 공순이가 싫어. 야학을 다녀서 검정고시를 볼 거야. 그래서 고등학교를 졸업할 거야. 그러면 공순이는 벗어날 수 있겠지."

누나는 며칠 후, 진짜로 야학에 다니기 시작했다. 야학을 다니자 상우는 누나를 볼 시간이 점점 줄었다. 잔업을 하는 날과 야학을 가는 날을 빼면 누나가 일찍 들어오는 날은 손에 꼽을 정도였다. 하지만 누나가 공부를 하니 기뻤다. 누나 얼굴은 더 누렇게 떴지만 눈은 점점 빛나기 시작했다.

그러던 어느 날이었다. 잠을 자는데 두런두런 이야기 소리가 들렸다. 잠결이었지만 라면 냄새도 났다.

"대통령은 정말 나쁜 사람이야."

근처에 사는 영숙이 누나였다. 영숙이 누나는 누나가 야학에서 만난 친구였다. 평화시장에서 오래 일해서 미싱사까지 된 누나였다. 상우는 영숙이 누나 말에 놀라 가슴이 콩콩 뛰었다. 대통령이 나쁜 사람이라니. 혹시 영숙이 누나가 빨갱이가 아닐까 걱정이 되었다. 상우는 눈을 뜨면 큰일이라도 날 것 같아 조용히 자는 척했다.

"쉿! 조용히 말해. 잡혀갈라."

"72년에 만든 유신헌법이 얼마나 악법인지 몰라서 그래? 대통령을 직접 국민이 뽑지 않고 뽑는 사람들이 따로 있다는 게 말이 되냐고? 대통령을 뽑는 그 사람들도 다 대통령 편이라고."

"그래, 맞아. 게다가 대통령 임기도 6년으로 연장하고 계속할 수 있게 했잖아. 대통령을 죽을 때까지도 할 수 있게 헌법을 고친 거라고 선생님이 말했어."

누나가 맞장구쳤다.

"헌법까지 정지시킬 수 있는 대통령님이신 걸."

영숙이 누나가 비웃듯 말했다.

"바로 이런 걸 독재라고 하는 거야."

상우 가슴이 이번엔 쿵쿵쿵쿵 뛰었다. 지금 당장이라도 일어나서 그만 말하라고 하고 싶었다. 그런데도 몸이 움직이지 않았다. 누나가 다시 말했다.

"그동안 우리는 눈 먼 사람들이었어. 야학에서 배우지 않았다면 어떻게 됐을까? 영원히 눈을 못 떴겠지? 유신 독재에 반대하는 사람들이 얼마나 많았는데. 작년에도 거세게 반대를 한 학생들이 있었잖아. 이름이 뭐였더라?"

"응, 전국민주청년학생연맹을 말하는 거지? 민청학련을 중심으로 유신 반대 운동이 거세지니까 공산당이 배후에 있다, 남한에 공산정권을 세우려 했다며 누명을 씌워 8명을 사형시켰잖아."

"작년엔 나도 그 사람들이 정말 공산당인 줄 알았어."

"그러고 보니 우리도 대통령을 독재자라고 하면 공산주의자로 몰릴지도 모르겠네. 그러다 죽으면 어쩌지?"

갑자기 누나들이 조용해졌다. 상우가 눈을 가늘게 뜨고 보니 누나들이 몸을 부르르 떨고 있었다.

"그만 말하자. 무섭단 말이야."

"그래, 이만 갈게."

영숙이 누나가 조용히 문을 열고 나갔다.

다음 날 아침, 잠에서 깨자마자 상우는 누나에게 대들 듯 말했다.

"누나! 어제 누나가 이야기하는 것 다 들었어. 막 대통령을 욕하고 그러면 어떡해? 우리나라를 잘 살게 해 준 분인데. 또 잘못하면 죽을 수도 있다며."

"너, 너, 우리가 하는 말을 들었어?"

"응, 다 들었어. 앞으로는 그런 말 하지 마. 무섭단 말이야."

"그래, 그래. 알았어."

누나는 상우를 꼭 껴안았다.

누나는 가을이 갈 때까지도 영숙이 누나를 집에 데려오지 않았다. 하지만 야학에는 열심히 다녔다. 상우는 누나가 야학에 다니는 게 걱정되었지만 공부만 하는 거라고 믿고 싶었다.

가을이 와서 날씨가 선선해졌다. 아침저녁으로 추워져서 연탄불을 피워야 했다. 누나는 출근하기 전에 상우한테 주의를 주었다.

"저녁 연탄불은 이제 네 담당이야. 절대 꺼뜨리면 안 돼. 깨뜨려서도 안 되고. 상우야, 잘할 수 있지?"

"누나, 내 연탄불 갈기 실력을 아직도 못 믿어. 나만 믿어."

상우는 큰소리를 탕탕 쳤다. 예전에 집게로 너무 연탄을 꽉 쥐어서 부서진 적이 있었다. 그 이후로 힘 조절을 잘 해서 걱정없었다.

그날 밤, 상우는 연탄집게로 위에 있는 연탄을 들어서 바닥에 내려놓은 후, 밑에 있는 다 탄 흰 연탄을 꺼냈다. 다시 위쪽에 빨간 불이 남아있는 연탄을 아래에 넣고 검은 연탄을 그 위로 올려놓았다. 그 다음 구멍을 맞췄다.

상우는 자신이 자랑스러웠다. 이렇게 누나 일을 한 가지라도 돕는 게 좋았다. 하지만 지난해, 연탄은 따뜻하면서도 무서운 것이라는 걸 처음 알았다

작년 겨울 아침이었다. 갑자기 사람들이 밖에서 웅성거리는 소리가 들렸다. 상우는 무슨 일인가 궁금해서 재빨리 뛰어나갔다.

몇 집 건너 김씨 아저씨가 집 앞에 누워 있고 사람들이 주위를

둘러싸고 있었다. 양씨 아저씨가 동치미 국물을 먹으며 말했다.

"김씨, 정신 좀 차려."

겨우 정신을 차린 아저씨가 물었다.

"아이들이랑 아이 어미는요?"

양씨 아저씨가 고개를 저었다. 김씨 아저씨가 겨우 일어나 비틀거리며 방안으로 들어갔다.

"잘 살려고 서울 왔는데 서울 와서 죽는구나."

아저씨는 피를 토하듯 울었다. 꼭 짐승이 우는 것 같았다. 사람들 눈에서도 눈물이 흘러내렸다. 상우도 눈물이 나서 자꾸 손등으로 눈물을 훔쳤다.

연탄가스에 중독되면 죽을 수 있다는 걸 그때 처음 알았다. 그날부터 상우는 연탄이 새는 곳이 있나 잘 살피고 냄새도 맡아봤다. 다행히 상우네 집은 연탄가스가 들어올 만한 틈은 보이지 않았다.

하늘은 점점 더 높아지고 코끝이 시려왔다. 상우는 열심히 공부해서 반에서도 성적을 조금씩 올렸다. 글쓰기 상도 자주 받았다. 선생님도 이제 가끔 상우를 칭찬해주었다.

그러던 어느 날, 누나가 통통 부은 눈으로 집으로 돌아와서 방안에 쓰러졌다.

"누나, 왜 그래?"

"몰라, 나도. 한숨 자고 나면 괜찮을 거야."

상우는 누나 머리를 짚어 보았다. 열이 펄펄 났다. 상우는 영숙이 누나 집으로 달려갔다. 다행히 누나는 집에 있었다.

"누나, 누나! 우리 누나가 아파. 빨리 와 봐."

영숙이 누나와 상우는 날듯이 달렸다.

"용미야, 어디 아파?"

"영숙아, 난 괜찮아. 그런데, 그런데……."

"왜? 무슨 일인데?"

"공장에서 안 좋은 일이 있었어. 시다를 하던 아이가 오늘 피를 토했는데 보상금도 못 받고 쫓겨났어. 이제 15살밖에 안 된 아이라고. 13살부터 타이밍을 먹으면서 죽도록 일했던 아이야. 집에서 돈을 버는 유일한 아이인데……. 그렇게 쫓아내면 그 아이는 물론이고 가족까지 모두 다 죽으란 소리지."

누나가 영숙이 누나를 잡고는 엉엉 울었다. 영숙이 누나가 누나 등을 쓸어주었다.

"부려먹다 힘이 다하면 버림받는 동물이랑 우리가 다를 게 뭐가 있어? 소는 일하는 대신 사람한테 사랑이라도 받지. 소는 여물이라도 실컷 먹지. 우리는 야단맞고 못 먹고……. 소만도 못하다고."

누나가 꺼이꺼이 울면서 말했다. 영숙이 누나가 누나의 손을 잡으며 말했다.

"난 예전에 전태일 오빠랑 일한 적이 있어. 그 오빠는 정말 좋

은 사람이었어. 우리들이 배고플 때 차비를 아껴서 풀빵을 사주
곤 했지. 그리고 노동자의 권리를 찾기 위해 노력했는데 잘 안
되었어. 그래서 몸에 불을 붙이는 선택을 했어. 몸에 불이 붙었
는데도 전태일 오빠는 이렇게 외쳤어. '근로기준법을 준수하라.
우리는 기계가 아니다. 일요일은 쉬게 하라. 노동자를 혹사시키
지 말라.' 몸이 불에 타고 있는데도 말이야. 난 바보 같이 멀리서
구경만 했어. 하지만 그 이후 사람들은 많이 달라졌어. 우리가
기계나 동물이 아니고 인간이란 걸 알게 되었지. 근로기준법이
있다는 것도 알게 되고. 우리는 동물이나 기계가 아니야. 그러니
까 우리 권리를 지키기 위해 싸워야 해."

이번엔 영숙이 누나가 엉엉 울었다.

"태일이 오빠, 그땐 정말 미안했어요."

누나가 울면서 영숙이 누나를 안아주었다.

"아마도 그 시다 아이, 착한 미선이는 죽을지도 몰라. 흑, 어떻
게 해?"

"바보야, 그러니까 이제라도 정신을 차려서 근로기준법을 지
키게 해야지. 그래야 아파도 쫓겨나지 않지."

이제 누나 둘은 꼭 껴안고 엉엉 울었다. 절대 그치지 않을 것
처럼 눈물은 흘러내렸다. 상우 눈에서도 눈물이 흘렀다. 이제 15
살인 누나가 죽을 수도 있다는 게 믿기지 않았다. 누나도 건강
이 안 좋은데 피라도 토하면 어떻게 하나 걱정이 되었다.

"영숙이 누나, 근로기준법인가 뭔가를 지키면 우리 누나도 잠도 많이 자고 건강해지는 거야?"

"물론이지. 근로기준법을 지키게 하면 일요일마다 쉴 수 있고 정기 건강검진도 받을 수 있고 일하는 시간도 줄어들 거야."

"그럼 내가 사장님한테 가서 근로기준법 지키라고 말할 거야!"

눈물을 쓱 닦으며 상우가 말하자 누나가 울음을 그쳤다. 그리곤 상우 머리를 쓰다듬어 주었다.

"우리 상우가 다 컸구나. 그건 누나들이 할게. 우리 상우는 열심히 공부해서 우리 같은 사람을 돕는 사람이 되면 되잖아. 우리 야학 선생님처럼 말이야."

영숙이 누나가 상우 손을 잡더니 말했다.

"맞아, 우리 상우 정말 장하다. 누나 말대로 열심히 공부해서 우리를 돕는 대학생이 되면 더 좋지."

영숙이 누나 말에 상우가 고개를 끄덕였다.

"그럼 우리, 기념으로 라면이나 끓여먹을까?"

영숙이 누나는 라면을 끓였다. 누나를 위해서는 죽을 끓였다. 누나는 죽을 먹으며 기운을 차리는 것 같았다.

영숙이 누나가 끓여준 라면은 세상에서 제일 맛있는 라면이었다. 영숙이 누나는 꼭 품 넓은 어머니 같았다. 그러면서도 이순신 장군보다 더 용감하고 멋있어 보였다. 영숙이 누나는 상우 누나 모르게 전태일 형에 대해 이야기해 주었다. 누나는 마치 전태일 형에 대해 외우고 있는 듯 말이 줄줄 나왔다.

"전태일 오빠는 평화시장 봉제 공장에서 재봉사와 재단사로 일했어. 오빠는 1968년에 근로기준법이 있다는 걸 알게 되었어. 법은 있지만 전혀 지켜지지 않는 것을 바꿔보려고 1969년부터 노동청에 노동환경 개선을 요구했지만 거절당했어. 노동청이 진짜 노동자를 위한 기관이 아닌 거지. 1969년에는 노동운동 조직 바보회를 만들고 계속 노동환경 개선을 요구했지. 아무리 해도 변화가 없자 1970년 10월에 시위를 했어. 그렇게 해서 개선하기로 약속을 받았는데 전혀 개선되지 않았어. 약속은 거짓말이었던 거야. 정말 화나지?

전태일 오빠는 소극적인 방법으로는 노동법이 지켜지지 않자 스스로를 희생하기로 했어. 오빠는 11월 근로기준법을 불에 태우는 화형식과 함께 자신의 몸에도 불을 붙였어. 그렇게 오빠는 노동자를 위해 죽었지. 그건 저번에 이야기 해줬지? 오빠의 죽음을 계기로 청계피복노동조합이 만들어졌고 노동 운동에 참여하는 사람들도 많아졌단다."

영숙이 누나는 말을 다 마치고 '휴' 하고 한숨을 내쉬었다. 그리고 무릎을 모아 얼굴을 묻었다. 전태일 오빠를 생각하며 우는지도 몰랐다.

상우도 가슴이 아려왔다. 상우는 그동안 이순신 장군을 제일 존경했다. 하지만 영숙이 누나 이야기를 듣고 난 후부터는 전태일 형을 제일 존경하게 되었다. 그건 누나들 외의 사람들에겐 비밀이었다. 누나는 너무 어린 나이에 세상을 알려주었다며 영숙이 누나를 타박했다. 하지만 상우는 자신이 어른이 다 된 것만 같아 좋았다.

그러던 어느 날 밤, 누나와 영숙이 누나가 집에 들어왔다.

"상우야, 여태 안 자고 뭐해? 얼른 자야지."

"누나 오길 기다렸지. 누나, 나 오늘도 열심히 공부했어."

"에고, 요 귀여운 것!"

영숙이 누나가 상우 볼을 살짝 꼬집었다.

"우리 상우, 장하다."

누나가 상우 머리를 쓰다듬어 주었다. 그리곤 영숙이 누나에게 들뜬 목소리로 말했다.

"드디어 내일 8시야. 우리도 제대로 전태일 오빠 추도식을 할 수 있어."

"우리가 전태일 동지 5주기 추모위원회를 만들어 따로 추도식을 하는 건 아무도 모를 걸. 모두 모란 공원에서만 하는 줄 알겠지? 하하."

영숙이 누나도 상기된 얼굴로 말했다. 상우는 귀를 쫑긋 기울였다. 전태일 형 추도식을 한다니까 상우도 꼭 가고 싶었다.

"노동 교실에 모두 제대로 모여야 할 텐데. 벌써 경찰이 안 건 아닐 테지?"

"비밀리에 했으니 아무도 모를 거야. 상우야, 넌 내일 집에 꼼짝 말고 있어. 알았지?"

"응."

상우는 이렇게 대답을 하고 마음속으로 외웠다.

'8시 노동 교실'

노동 교실에는 누나들을 따라 놀러간 적이 있어서 찾아갈 수 있었다.

드디어 다음 날이 되었다. 상우는 누나가 아침에 차려놓은 저녁밥을 먹고 길을 나섰다. 벌써 11월이라 사방은 어두워져 있었다. 상우는 8시가 조금 넘어 노동 교실에 도착했다. 교실 벽에 바짝 붙어 서서 교실에서 나는 소리에 귀를 기울였다.

형과 누나들이 국민의례를 하고 묵념을 했다. 상우도 조그만 소리로 따라했다. 추모 예배를 드릴 때는 하느님을 믿지 않지만 하느님께 기도를 했다.

"하느님, 전태일 형은 정말 좋은 형이에요. 형이 꿈꾸는 세상이 꼭 이루어질 수 있게 해 주세요."

전태일 수기를 낭독할 때는 눈물이 나와서 소매로 눈물을 닦았다. 날은 점점 추워졌다. 바람마저 윙윙 불기 시작했다 상우는 곱은 손을 비비며 다음 순서를 기다렸다. 전태일 형을 생각하면 그냥 갈 수가 없었다.

모든 순서가 끝나고 마지막으로 결의문을 낭독했다.

"노동시간을 단축하라. 주휴무제를 이행하라. 작업환경 개선하라. 다락방을 철폐하라. 부정축재 없애라. 균등이득 분배하라. 우린 이 요구를 관철시키기 위해 투쟁할 것입니다."

그 순간이었다. 어디선가 차 몇 대가 나타났다. 차에서 남자들이 재빠르게 뛰어내렸다. 상우는 더욱 바짝 벽에 몸을 붙였다. 남자들은 노동교실 문을 박차고 들어갔다. 남자들이 들어가자 상우는 무슨 일인가 싶어 걱정이 되었다. 상우는 교실 문 앞까지 가서 몰래 교실을 엿보았다.

"누구시죠?"

"우린 대한민국 형사님이시다. 이 빨갱이 같은 새끼들."

"우리는 빨갱이가 아닙니다. 우리는 우리의 정당한 요구를 할 뿐이라고요!"

영숙이 누나가 소리를 질렀다. 그러자 몸집이 큰 형사가 영숙이 누나를 밀쳤다. 누나가 바닥에 넘어지자 다른 형과 누나들이 이번엔 형사를 밀쳤다. 몸싸움이 벌어졌지만 형과 누나들이 형사들한테 밀렸다. 마치 쥐와 고양이 싸움처럼 보였다.

"자 모두 앉아서 농성을 합시다."

한 형이 우렁차게 말했다.

"아, 왜들 이래. 이러면 정말 다 경찰서에 잡혀가는 거 몰라? 다들 먹고 살아야 할 텐데 농성하면 어쩌려고. 농성 안 하면 우

리도 그만 갈 테니 그만 하자고."

형사들도 딱히 끌고 갈 이유가 없는지 형과 누나들을 얼러대었다.

"잠깐만 기다리세요."

형과 누나들이 조용히 상의를 했다. 모두들 표정이 어두웠다. 상우는 얼른 형과 누나들이 농성을 끝내기를 바랐다. 계속한다면 무슨 일이 생길까 무서웠다.

"좋아요. 오늘은 해산하기로 합니다."

"잘 결정했네. 자, 그럼 해산하는 거 보고 우리도 갈 테니 어서들 집으로 가도록 하지."

형과 누나들이 천천히 일어나 밖으로 걸어 나왔다. 상우 누나가 문밖에 서 있는 상우를 보더니 눈을 부릅떴다.

"아니, 너 어떻게 여길 왔어."

"핏, 13살짜리 노동자도 있다며. 나도 곧 13살인 걸. 나도 이런 데 올 권리가 있다고. 노동자의 권리가 있는 것처럼."

누나의 화난 얼굴이 서서히 펴졌다.

"자식, 말만 늘어서. 어서 가자. 가서 영숙이 누나한테 라면 끓여달라고 하자."

상우는 누나와 영숙이 누나 팔짱을 꼈다. 그리고 얼굴을 꼿꼿이 들었다. 이순신 장군보다 멋진 누나들이랑 걷는 게 자랑스러웠다.

1975년 11월에 있었던 전태일 5주기 추모 집회 후, 노동자들은 '근로기준법 수호투쟁위원회'를 만들어 노동시간 단축과 임금 인상, 노동 조건 개선을 위해 노력했다. 청계노조는 점점 더 노동조합의 모습을 뚜렷이 띠게 되었다. 상우는 어른이 되어서 노동자를 변호하는 인권변호사가 되었다.

대한민국을 알기 위해 꼭 알아야 할 역사 상식

대한민국과 1970년대

1970년대 우리나라는 수출 위주의 정책을 펼쳤다. 공장에서 옷, 신발, 가방과 같은 제품을 만들어 수출을 했다. 값싼 노동력으로 질 좋은 제품을 만들어 냈기 때문에 수출이 늘어나면서 산업이 빠른 속도로 발전했다. 덕분에 한강의 기적을 이루어냈다.

수출을 위해서 노동자들의 생활비를 줄여야 했기 때문에 정부는 쌀값을 낮게 책정했다. 그래서 쌀 생산비조차 건지기 어려웠고 농촌 사람들은 일자리를 찾아 서울로 몰려들었다. 1960년에 전체 인구의 58%를 차지했던 농업 인구는 1975년에는 38%로 줄어들었다. 서울로 이주한 사람들은 공장으로 흘러들었다. 서울에 인구가 불어나면서 무허가 판자촌도 같이 늘어났다. 판잣집은 나무와 베니어로 만든 허름한 집이었다.

1970년대는 힘없는 노동자들의 피와 땀과 눈물로 한강의 기적을 이룩했다. 하지만 억압받던 노동자들이 자신들의 권리를 알고 찾으려 노력하는 시기이기도 했다. 그 출발점에 전태일이 있었다.

또 1970년대의 주요 사건 중 하나는 1972년 유신 정권이 들어섰다는 것이다. 박정희 대통령은 유신 독재를 유지하기 위해 반공 교육을 이용했다. 주로 북한에 대한 적개심 고취와 대결을 조장하는 교육을 했다. 학교에서는 반공 포스터 그리기 대회, 웅변대회, 글쓰기 대회 등을 했다. 고등학교와 대학에서는 교련이라는 과목으로 군사 교육까지 했다. 교련 과목에서 남학생들은 사격, 행군, 화생방 교육을 받았고 여학생들은 응급처치를 배웠다. 유신 독재는 1979년 박정희의 사망으로 막을 내렸다.

100년 후의 청소년들은 어떻게 살고 있을까?

2016년에는 인공지능 바둑 프로그램인 알파고와 이세돌의 바둑 경기로 온 나라가 시끌시끌했었다. 알파고는 이세돌 기사와 5번 싸워 4번을 이겼다. 그러자 한국기원은 알파고가 정상의 프로기사 실력인 '입신(入神)'의 경지에 올랐다고 인정하고 프로 명예 단증(9단)을 수여했다.

이 대결 후, 어떤 사람들은 인공지능이 인간의 능력을 넘어서고 있다며 인공지능에 대한 공포와 반감을 강하게 가지게 되었다. 인공지능은 정말로 위험한 걸까? 영화 「A.I.」에서는 인간보다 더 인간적인 인공지능의 로봇 소년이 등장한다. 반대로 인공지능이 인간을 지배하려는 영화들도 만들어지고 있다. 100년 후 청소년은 인공지능과 어떻게 관계를 맺고 있을까?

하지만 인류가 지금의 속도로 계속 발전을 한다면 인공지능의 문제보다 더 큰 문제에 부딪칠지도 모른다. 인류는 환경오염과 자원 부족 등으로 대재앙을 겪을 수도 있다. 그러면 모든 것이 파괴된 지구에서 청소년은 원시시대의 소년처럼 살아가야 할 수도 있다.

그래서 지속가능한 발전을 하자고 주장하는 사람들이 있다. 성장을 이유로 자연자원을 파괴하지 않고 인류가 지속 가능한 성장을 하자는 것이다. 이 이론에 인류가 모두 공감하고 행동한다면 청소년은 환경을 지키고 자원도 적게 쓰는 등, 조금은 불편한 삶을 살게 될 것이다.

반대로 과학기술이 급속도로 발전해서 환경 문제부터 자원고갈 문제까지 모두 해결하는 시대가 올지도 모른다. 그러면 청소년은 아무 걱정 없이 지금보다 훨씬 편안한 세상에서 살게 될 것이다.

100년 후 청소년이 어떤 삶을 살지 아무도 알 수 없다. 하지만 미래는 또한 인류가 결정하는 것이므로 여러분이 어떤 삶을 사느냐에 따라 100년 후 청소년의 삶이 결정될 수 있을 것이다.

여러분은 100년 후 어떤 삶을 살길 바라는가?

"한국출판문화산업진흥원의 출판콘텐츠 창작자금을 지원받아 제작되었습니다."

인더스 문명에서 1970년대 서울까지
소년 이야기 세계사

초판 1쇄 인쇄 2017년 11월 27일
　　　2쇄 인쇄 2020년 07월 30일

지은이 김용안
그린이 김준연
편　집 이재필
디자인 임나탈리야

펴낸이 강완구
펴낸곳 써네스트

출판등록 | 2005년 7월 13일 제 2017-000025호

주　　소 | 서울시 마포구 망원로 94, 203호

전　　화 | 02-332-9384　　**팩　스** | 0303-0006-9384

이메일 | sunestbooks@yahoo.co.kr

ISBN | 979-11-86430-57-6 (43900)　　값 15,000원

「이 도서의 국립중앙도서관 출판예정도서목록(CIP)은 서지정보유통지
원시스템 홈페이지(http://seoji.nl.go.kr)와 국가자료공동목록시스템
(http://www.nl.go.kr/kolisnet)에서 이용하실 수 있습니다.(CIP제어번호:
CIP2017030114)」